Bärbel Wardetzki

Souverän & selbstbewusst

Bärbel Wardetzki

Souverän & selbstbewusst

Der gelassene Umgang mit Selbstzweifeln

Kösel

Verlagsgruppe Random House FSC® N001967
Das für dieses Buch verwendete FSC®-zertifizierte Papier
Fine 100 liefert Kymmene Augsburg, Deutschland.

Copyright © 2014 Kösel-Verlag, München,
in der Verlagsgruppe Random House GmbH
Umschlag: Weiss Werkstatt, München
Umschlagmotiv: shutterstock / vita khorzhevska; plainpicture / Harald Braun
Druck und Bindung: GGP Media GmbH, Pößneck
Printed in Germany
ISBN 978-3-466-31028-9

Weitere Informationen zu diesem Buch und unserem
gesamten lieferbaren Programm finden Sie unter
www.koesel.de

Inhalt

Einleitung   7

Selbstzweifel 9
  Selbstzweifel kennt jeder   10
  Ich würde ja gerne, aber ...   12
  Wir entzweien uns   14
  Topdog und Underdog   16
  Ich bin nicht wie die anderen   20
  Wie muss ich sein, dass du mich liebst?   22
  Milch im Kaffee gibt Milchkaffee   25
  Gefällt mir / Gefällt mir nicht   29
  Sinn und Unsinn des Selbstkritikers   31
  Umgang mit Kritik   36
  Ich bin nicht wichtig   39
  Liebesentzug und Trennungen   43
  Neid und Eifersucht   44
  Schuldgefühle   47
  Selbstunsicherheit   48
  Ein Aschenputtel-Leben im Verborgenen   50

Das Selbstwertgefühl 53
  Das Selbst-Wert-Gefühl   54
  Expliziter und impliziter Selbstwert   58
  Wie sehr mögen Sie Ihren Namen?   61
  Es gibt viele »Selbstwerte«   63
  Der allgemeine Selbstwert   66

Der körperbezogene Selbstwert 72

Selbstachtung 78

Selbstwirksamkeit 79

Erfolg und Misserfolg 82

Mehr Schein als Sein 86

Die Bedeutung von Spiegelung und Bindung 90

Was andere von uns nicht sehen 94

Souverän und selbstbewusst 97

Selbstbild, Selbstbewusstsein und
Selbstwertgefühl 98

Die positive Bedeutung von Selbstzweifeln 99

Ich lebe JETZT 101

Bewusstheit und Achtsamkeit 103

Beobachterposition und Selbstdistanz 109

Das Geheimnis eines starken Selbstwertgefühls 110

Introjekte zum Freund machen 113

Wie aus »Ich kann nicht« ein »Ich kann« wird 117

Dem Selbstwertgefühl auf die Sprünge helfen 119

Zu sich stehen 127

Souveränität ist Selbstbestimmung 129

Der gelassene Umgang mit Selbstzweifeln 133

Anhang 135

Dank 136

Anmerkungen 137

Weiterführende und zitierte Literatur 139

Einleitung

Stellen Sie sich vor, Sie wären plötzlich souverän und nicht Ihre Selbstzweifel würden Ihr Leben bestimmen, sondern Ihr Selbstbewusstsein.

Was würden Sie dann heute anders machen? Vielleicht würden Sie ein Projekt anpacken, das Sie schon immer mal verwirklichen wollten, aber sich bisher nicht trauten? Oder Sie würden ganz spontan jemanden anrufen, um zusammen auszugehen? Oder Sie würden Ihrem Partner etwas sagen, was Ihnen schon lange auf dem Herzen liegt, das Sie sich aber bisher nicht trauten?

Die Liste der Dinge, die Menschen tun würden, wenn sie sich selbstbewusst fühlen, wäre lang. Das heißt umgekehrt, dass wir vieles nicht leben, was uns wichtig ist, nur weil wir an uns zweifeln und uns nichts zutrauen. Denn je größer die Selbstzweifel sind, umso unsicherer fühlen wir uns.

Dieses Buch möchte Ihnen Wege aufzeigen, wie Sie Ihr Selbstbewusstsein stärken und Ihre Selbstzweifel abbauen können. Das Ziel ist sicher nicht, keine Angst mehr zu haben oder alle Selbstzweifel abzuschaffen. Nein. Das Ziel ist, unnötige Ängste zu erkennen und sie nicht übermächtig werden zu lassen, Zweifel über uns und unser Tun in konstruktive Selbstkritik zu verwandeln, unsere inneren Kräfte zu mobilisieren und für uns einzusetzen. Um am Ende sagen zu können: Ich bin souverän und selbstbewusst.

Sharon Jones, Soul-Sängerin, bringt es perfekt auf den Punkt: »Ich habe gelernt, meinen Wert nicht nach Äußerlichkeiten zu bemessen. Sonst hätte ich mich längst aufgegeben: zu klein, zu schwarz, zu fett. Meine Mutter sagte immer: Zeig dich, mein Mädchen, dann spürst du, was du wert bist.«

Selbstzweifel

Selbstzweifel kennt jeder

Es gibt wohl keinen Menschen mit einer gesunden Psyche, der nicht irgendwann einmal Selbstzweifel hat. Es gehört zum Menschsein dazu, sich in bestimmten Situationen unsicher zu fühlen, nicht genau zu wissen, was jetzt das Beste wäre oder mit seinen Gefühlen und Wünschen auf dem Holzweg zu sein. Mitunter führen Selbstzweifel aber auch zu einer Anregung, die unser Leben bereichert und positiv verändern kann. Ohne Selbstzweifel würden wir im Alten verharren.

Warum also ein Buch, wie wir gelassener mit Selbstzweifeln umgehen können? Weil Selbstzweifel mitunter so stark werden können, dass sie unser Verhalten und Fühlen negativ beeinflussen. Auf diese Weise verhindern sie unsere Weiterentwicklung und lassen uns in seelischer Not stagnieren. Jeder Impuls wird gebremst durch die Frage: Kann ich das, darf ich das, ist das richtig? Selbstzweifel schwächen unser Selbstwertgefühl und untergraben sowohl das Vertrauen zu uns selbst als auch zu anderen Menschen.

Vertrauen ist jedoch eine wichtige Basis, um im Leben zu bestehen und Angst und Unsicherheit auszuhalten oder erst gar nicht aufkommen zu lassen. Selbstvertrauen bedeutet, Sicherheit in sich selbst zu finden, sich auf sich selbst zu verlassen und sich als die Person zu schätzen, die man ist. Diese Fähigkeit hängt stark mit unserem Selbstwertgefühl zusammen: je besser dieses ausgeprägt ist, umso positiver schätzen wir uns ein und umso gelassener können wir mit unseren Selbstzweifeln umgehen.

Selbstzweifel

» Ängste und Unsicherheiten gehören zum
   Leben dazu wie Freude und Vertrauen.

» Selbstzweifel können auch der Motor für
   notwendige Veränderungen sein.

» Werden sie zu stark, hemmen sie unsere
   Impulse und wir erstarren.

» Selbstvertrauen und ein stabiles Selbstwertgefühl mindern die Selbstzweifel.

Ich würde ja gerne, aber …

… ist ein Impulsbremser, weil Sie sich am Ende gegen Ihren Wunsch entscheiden. Statt Selbstsicherheit spüren Sie Unsicherheit und Ihre Angst siegt über Ihre Neugier. Am liebsten würden Sie sich bei den anderen vergewissern, ob das, was Sie denken, fühlen und tun, richtig ist. Andere sollen Ihnen die Bestätigung geben, die Ihnen abhandengekommen ist. Jede Zustimmung von außen beruhigt Sie, macht Ihnen etwas Mut, dass Sie vielleicht doch nicht so falsch liegen. Bis zum nächsten Mal. Dann stellen Sie sich wieder in Frage und klagen sich vielleicht sogar an, weil Sie sich wieder nicht trauen.

Diese Art der Selbstzweifel sind Gehilfen der Angst und Unsicherheit. Sie nehmen Ihnen allen Mut, alle Neugier und Freude am Neuen und lassen Sie im Alten verharren. Das macht Sie zwar nicht glücklich, gibt aber Sicherheit, denn Sie wissen, was passieren wird und müssen nichts Neues ausprobieren. Aus diesem Grund wählen Sie immer wieder das »gemütliche Elend«, wie wir das in der psychosomatischen Klinik, in der ich viele Jahre arbeitete, nannten. Doch jede Entscheidung, die aus der Angst getroffen wird, verstärkt das Leid und verstellt den Weg in das Neue und die Weiterentwicklung.

Sie würden ja gerne, aber ...

» Sie trauen sich nicht.

» Sie zweifeln an Ihrer Kompetenz und ziehen sich zurück.

» Sie sind voller Hemmungen, können nicht aus sich herausgehen.

» Sie haben Angst, vor anderen Ihre Meinung zu vertreten, sie könnte ja auf Ablehnung stoßen.

» Sie fühlen sich minderwertig, weil Sie glauben, alle anderen machen es besser und richtiger als Sie, sind schöner, erfolgreicher, klüger, witziger und liebenswerter.

Wir entzweien uns

Im Wort Selbstzweifel steckt der Wortstamm zwei, entzweien. Im Zustand des Selbstzweifels entzweien wir uns, spalten uns in mindestens zwei Teile, entfernen uns von uns und betrachten uns mit negativen Augen: Was ist alles schlecht an mir? Wieder habe ich alles falsch gemacht! Bin ich gut genug? Ich müsste anders sein! Die anderen erwarten ganz was anderes von mir, als ich bieten kann!

Wenn wir diese Sätze denken, dann befinden wir uns in einem negativen inneren Dialog. Wir sind nicht mehr eins mit uns, nicht in Frieden, sondern in einem inneren Krieg, der sehr viel Energie kostet und vor allem völlig sinnlos ist. Es ist ein inneres Beschimpfen mit sicherem Ausgang: Wir fühlen uns mies, schämen uns und sind unsicher.

Das nächste Mal nehmen wir den inneren negativen Dialog bereits voraus und trauen uns nun noch weniger zu. Unsere Unsicherheit wird noch größer, unser Mut sinkt, unser Selbstbild wird immer negativer und wir machen möglicherweise aufgrund dessen einen Fehler, den wir uns wieder vorwerfen können.

Frau Moser definierte sich hauptsächlich über ihr Äußeres: Sie versuchte, ihre schlanke Figur zu bewahren, zog sich modisch und geschmackvoll an, legte viel Wert auf ein perfektes Make-up und fühlte sich nur sicher, wenn sie sich gefiel. Mit einem letzten Blick in den Spiegel und dem Gefühl, gut auszusehen, machte sie sich auf den Weg zu einem Fest bei einer Freundin. Als sie eintrat merkte sie, dass sie viel zu vornehm aussah, denn die anderen waren relativ leger gekleidet und standen zwanglos und heiter zusammen. Ihre Stimmung schlug von einer Sekunde auf die andere um und sie war überflutet von Selbstzweifeln und -vorwürfen: Warum habe ich mich so aufgedonnert, ich blöde Kuh, schau doch mal, wie die dich anstarren. Oh Gott, was habe ich nur getan, wie konnte ich mir nur gefallen …?

Aus der einen, mit sich zufriedenen Person, wurden zwei, die in heftigem Streit miteinander lagen. Und das Schlimmste: Sie konnte den Abend gar nicht mehr genießen, konnte nicht erkennen, dass die anderen Kontakt zu ihr suchten und sich mit ihr unterhalten wollten. Nicht nur, dass sie mit sich selbst entzweit war, sie war es auch mit ihrer Umgebung. Die Angst, bei der nächsten Einladung wieder danebenzuliegen, nahm ihr jede Vorfreude und lies sie sogar daran denken, lieber abzusagen.

Im Selbstzweifel entzweien wir uns. Wir sind nicht mehr eins, sondern liegen im Kampf mit uns und unserer Umgebung. Selbstzweifel untergraben unser Selbstwertgefühl in einem solchen Maß, dass wir der negativen Spirale kaum noch entkommen. Die nächste Enttäuschung über uns ist vorprogrammiert.

Der negative innere Dialog verstärkt unsere Selbstzweifel und schwächt unser Selbstwertgefühl.

Topdog und Underdog

Die Gestalttherapeuten nennen diese zwei Teile, die mit sich im Kampf liegen, Topdog und Underdog. »Die Begriffe stammen aus der Holzfällersprache: Um mächtige Bäume zersägen zu können, wird unter dem zu fällenden Baum ein Loch gegraben. Der Topdog steht oben, der Underdog befindet sich in der Grube, um gemeinsam die Säge zu bedienen.«[1]

Der kritische, zweifelnde Teil ist der Topdog, der Macht hat, sich über den anderen Teil erhebt und dessen Wort etwas gilt. Der Underdog macht sich klein, kuscht, versteckt sich, lässt sich beherrschen und jammert. Und dennoch brauchen sich beide gegenseitig: kein Topdog ohne Underdog.

Im Grunde »spielen« sie das Opfer-Täter-Spiel, das wir aus dem Drama-Dreieck in Kränkungssituationen kennen. Einer ist der böse Täter, der andere das arme Opfer. Psychologische Spiele haben es an sich, dass sie zu keinem konstruktiven Ergebnis führen, sondern dazu neigen, sich zu verschärfen und zu eskalieren. Innerpsychisch endet es dann in der Selbstzerfleischung: Oh hätte ich doch nicht …, wäre ich doch …, wie konnte ich nur …

Die Lösung liegt nicht darin zu fragen, wer von beiden recht hat oder gewinnt, sondern zu verstehen, dass die beiden einen inneren Konflikt ausdrücken: zwischen Gewissen, Moral, Regeln, Kontrolle auf der einen Seite und Emotionalität, Bedürfnissen, Wünschen und Verzweiflung auf der anderen Seite. Leider wählen beide Seiten eine Sprache, die überzogen, anmaßend und eindimensional ist: Der Topdog versklavt, der Underdog jammert und zetert. Die Lösung liegt in der Wiederherstellung der Ganzheit, die zu einem selbstbestimmten

Menschen führt. Diese erreichen wir, indem wir beide Teile ernst nehmen, ihnen zuhören und sie in Kontakt treten lassen.

Das mag Ihnen jetzt vielleicht etwas sonderbar erscheinen, aber im Grunde ist es dasselbe, als wenn Sie mit einer Freundin über einen Konflikt sprechen, den Sie miteinander haben. Solange Sie Ihrem Gegenüber grollen, steht dieser zwischen Ihnen und trennt sie. In dem Moment, in dem Sie das Problem ansprechen, benennen und sich gehört und verstanden fühlen, weicht die Getrenntheit einem Gefühl des Miteinanders. Dasselbe Prinzip findet auch in uns statt. Wenn Topdog und Underdog ins Gespräch kommen, wenn sie sich zuhören und Verständnis füreinander entwickeln, löst sich der Konflikt und weicht einem wiedergewonnen Verständnis.

Ich kann mich noch gut daran erinnern, als ich in der Gestalttherapieausbildung eine Gruppe leitete. In dem Haus auf dem Lande, in dem das Wochenende stattfand, lief mir eine kleine Katze zu, die ich mitnehmen sollte, weil sie herrenlos war. Nun tobte ein Topdog-Underdog-Konflikt in mir, den ich hier gekürzt aufschreibe:

Topdog: Bist du verrückt, eine Katze in der Stadt zu halten?
Das arme Tier.
Underdog: Ach sei doch nicht so garstig, sie ist doch so niedlich und
braucht ein Heim.
Topdog: Du bildest dir wohl ein, eine Retterin aller Katzen
zu sein was? Hast doch keine Ahnung von Katzen.
Underdog: Ja stimmt, ich kenne mich da gar nicht aus und weiß
auch nicht, ob es gut ist, dass sie in der Stadt lebt. Das macht mir
Angst. (Ich fühlte mich sehr elend und zerrissen zwischen dem
Wunsch, sie mitzunehmen und den harschen Argumenten des
Topdogs).

Topdog: Also lass es. Was sollen denn die Leute denken,
wenn du mit so 'nem Tier ankommst!
Underdog: Aber die Katze hier zu lassen fühlt sich auch
nicht gut an. Was mach ich nur?
Topdog: Denk doch mal, wie das zu Hause gehen soll,
wo du so oft weg bist.
Underdog: Aber andere haben doch auch Katzen! Und da geht
es ja auch. (Nun kam etwas Kraft in diesen Teil.)
Topdog: Ja andere, aber du solltest die Finger davon lassen.
Underdog: Ich kann das doch auch lernen.
Topdog: Naja, dann sieh zu, wie du das hinkriegst.
Underdog: Also ich kann es ja mal mit der Katze versuchen
und wenn es wirklich nicht geht, bringe ich sie wieder zurück.
(Das fühlte sich gut an.)
Topdog: Dann versuch's halt.

Ich lebte 15 Jahre mit dieser Katze zusammen und sie war ein
großes Glück. Wenn ich mich vor lauter Selbstzweifeln gegen
sie entschieden hätte, hätte ich viel versäumt. Aber es hätte natürlich auch schiefgehen können. Das ist das Risiko im Leben.

Topdog und Underdog

» Selbstzweifel führen zu einem inneren Kampf
zwischen Topdog und Underdog.

» Der Topdog schlägt mit der moralischen Keule,
der Underdog jammert und klagt.

» Die Integration von Topdog und Underdog
führt zur Ganzheit zurück.

» Diese Integration entsteht durch einen Dialog
zwischen beiden Teilen.

» Wenn der Kampf endet, entsteht Kraft für
eine konstruktive Handlung.

Ich bin nicht wie die anderen

Ein wesentlicher Teil des Selbstzweifels beruht auf dem Vergleich mit anderen. Bin ich so klug, so schön, so schnell, so erfolgreich wie die anderen? Sehe ich genauso gut aus, bin ich genauso wertvoll und liebenswert?

Wenn wir stark an uns zweifeln, werden wir diese Fragen mit Nein beantworten und uns schlecht fühlen. Denn aus dem Gefühl der Wertlosigkeit heraus neigen wir dazu, andere im besseren Licht zu sehen. Bei einem Vergleich schneiden wir unweigerlich schlecht ab.

Wir registrieren unsere guten Eigenschaften nicht, sondern projizieren sie auf die anderen. Statt uns wertvoll und liebenswert zu empfinden, sehen wir das nur bei den anderen. Eine Falle, aus der wir nur schwer wieder herauskommen.

Aber warum vergleichen wir uns überhaupt mit anderen?

Wir suchen durch den Vergleich eine Einschätzung unseres persönlichen Wertes. Wo stehe ich im Verhältnis zu den anderen? Wohin bin ich in meinem Leben gekommen, wohin die anderen? Wenn dieser Vergleich ohne Ab- und Aufwertung geschieht, kann er für die eigene Orientierung sehr hilfreich sein. Es ist dann quasi ein Maßstab für uns, der uns Sicherheit und Bestätigung gibt.

Zum Problem wird er, wenn das, was andere tun oder erreicht haben, zum einzigen Maßstab für mein Glück wird. Wenn ich so sein muss wie die anderen, um mich wertvoll zu fühlen und wenn ich das, was mich ausmacht, abwerte. Dadurch werde ich unglücklich und neidisch, weil ich die Fülle meines Lebens nicht erleben kann und mich immer nach dem Glück der anderen sehne. So beneiden Frauen mit Kindern die viele Zeit, die Singles für sich haben, und Singles beneiden die Mütter um ihre Kinder und die Familie. Erkennen wir die Tatsache an, dass wir nie alles haben können, dann werden wir die eigenen Vorteile besser genießen. Wir treffen im Leben immer wieder Entscheidungen, die unseren weiteren Weg prägen, und bei jedem Ja für etwas müssen wir auch das Nein für das Nichtgewählte akzeptieren. Je mehr wir hinter unseren Entscheidungen stehen, umso zufriedener und selbstsicherer werden wir.

Eine andere Variante des hinderlichen Vergleichens ist, nur das Perfekte zum Maßstab zu nehmen. Wenn wir uns immer an den Besten messen, müssen wir genauso gut sein wie sie, um uns wertvoll zu fühlen. Wir setzen die Latte zu hoch und werden voraussichtlich scheitern.

Im Vergleich mit den anderen laufen wir Gefahr, uns hauptsächlich am Außen zu orientieren und uns in unserem Selbstwertgefühl von den anderen abhängig zu machen. Ist der Blick vorwiegend nach außen gerichtet, verlieren wir im Laufe der Zeit den Bezug zu uns selbst. Statt zu fragen: »Wie finde ich mich? Fühle ich mich gut, so wie ich bin und bei dem, was ich tue?«, fragen wir nur: »Wie finden mich die anderen, wie schätzen sie mein Verhalten ein?« Und wieder sind wir mit uns entzweit.

Wie muss ich sein, dass du mich liebst?

»Wie muss ich sein, dass du mich liebst?«, ist eine Steigerung der Frage »Bin ich so wie die anderen?« Das bedeutet nämlich, dass es nicht reicht, so zu sein wie andere, sondern zusätzlich von ihnen geliebt, anerkannt, wertgeschätzt und gelobt zu werden.

»Am liebsten wäre es mir, wenn mich alle lieben«, ist ein oft gehörter Satz von selbstunsicheren Menschen. Dass andere uns anerkennen und mögen ist ein Grundbedürfnis des Menschen und notwendig, um zu überleben. Werden wir nur abgelehnt und ausgeschlossen, dann verbittern wir und sind permanent gekränkt. Wir haben dann nichts, was uns aufwertet. Es kommt jedoch auf die Menge der Bestätigung an, die wir brauchen. Von allen geliebt werden zu wollen ist illusorisch, das werden wir nicht. Denn auch Sie selbst lieben nicht alle Menschen. Zudem ist der Preis für diese Liebe und Zuwendung enorm hoch: Wir müssen bereit sein, uns ganz aufzugeben und uns nur nach dem anderen zu richten. Dann bleibt aber von uns selbst nicht mehr viel übrig.

Frau Huber lebte in einer Beziehung, die eine solche Selbstaufgabe von ihr forderte, da sie das Gefühl hatte, nicht »einfach« so angenommen zu werden, sondern nur, wenn sie den Erwartungen ihres Ehemannes entsprach. Denn immer, wenn sie etwas tat, was ihm missfiel, überhäufte er sie mit Vorwürfen und Anschuldigungen, sie sei dumm und zu blöd, etwas richtig zu machen. Er gab ihr die Schuld an allem, was ihm missfiel. Sie schluckte die Vorwürfe und stellte sich dadurch selbst in Frage: »Wenn er das so erlebt, muss doch was dran sein. Ich bin wirklich zu ungeschickt, zu dumm und zu langsam für ihn.«

Also beschloss sie, so zu werden, wie sie glaubte, dass er sie haben wollte. Sie versuchte, jeden Fehler zu vermeiden und hatte bereits vor den Mahlzeiten Angst, dass es ihm nicht schmecken könnte. Denn dann beschimpfte er sie als Versagerin und es konnte vorkommen, dass er sogar das Essen in den Mülleimer warf, wutentbrannt das Haus verließ und außerhalb etwas »Gescheites« zu sich nahm. Sie blieb weinend und mit massiven Selbstvorwürfen und Schuldgefühlen zurück. Dass sie sich das nächste Mal noch mehr anstrengte, lag auf der Hand.[2]

Ist Ihnen diese Dynamik bekannt? Leben Sie in einer solchen Beziehung, in der Sie alle Verantwortung und Schuld auf sich nehmen, um den anderen glücklich zu machen und zufriedenzustellen? Nur um dadurch anerkannt und geliebt zu werden? Neigen Sie dazu, Ihren Standpunkt zurückzuhalten, weil Sie befürchten, dass Ihr Partner ihn durch Beschimpfungen oder geschickte Rhetorik sofort zunichte macht?

Dann ist es höchste Zeit, dass Sie lernen, sich in Ihrer Selbsteinschätzung zu emanzipieren und unabhängig zu machen. Dass Sie lernen, unangebrachte Schuldvorwürfe nicht anzunehmen, sondern dem Gegenüber zurückzugeben. Dass Sie anfangen, das Maß Ihrer Zufriedenheit in den Vordergrund zu rücken und selbst zu bestimmen, wer Sie sind. Sie sind nicht gezwungen, die Bilder, die sich andere von Ihnen machen, zu übernehmen und zu erfüllen. Je besser Sie sich kennen, umso besser können Sie als eigenständige, selbstbewusste Person auf Augenhöhe dem anderen gegenübertreten.

Wir können nicht von allen geliebt werden,
aber zumindest von uns selbst.

Warum Vergleiche und Unterwerfung scheitern

» Vergleiche dürfen nicht die einzige Basis für
unseren Selbstwert sein.

» Wenn wir uns vergleichen, übersehen wir schnell
unsere Individualität und unsere Stärken.

» Die alleinige Orientierung am anderen führt
zu Abhängigkeit und Unterwürfigkeit.

» Hinterfragen Sie die Vorwürfe des anderen, sie könnten
mehr mit ihm zu tun haben als mit Ihnen.

Milch im Kaffee gibt Milchkaffee

In dem Moment, in dem wir uns alle Mühe geben, dem anderen zu entsprechen und ihm zu gefallen, werden wir zur Milch, die im Kaffee verschwindet. In der Gestalttherapie nennt man das Konfluenz, Zusammenfließen.

»Wer sich immer nach den Erwartungen anderer richtet, jeden Konflikt vermeidet, Harmonie und Nähe um jeden Preis herstellen will, ist ›konfluent‹. Er grenzt sich nicht von anderen ab.«[3] Wir werden psychisch eins, wollen dasselbe, lehnen dasselbe ab, haben dieselbe Meinung und vermeiden Unterschiedlichkeit und Anderssein. Je unsicherer wir uns fühlen und je mehr Selbstzweifel uns plagen, umso mehr passen wir uns der Meinung des anderen an und richten uns danach. Wir vermeiden jede Form von Aggression um der Harmonie willen. »Das Mittel der Konfliktvermeidung ist Gleichklang mit der Umgebung ›Schwimmen mit dem Strom‹.«[4]

Doch was passiert mit der Milch und dem Kaffee, wenn sie zusammengeschüttet werden? Sie bilden etwas neues Drittes. Sie sind nicht mehr die ehemalige Milch und der ehemalige Kaffee. Für die Schmackhaftigkeit mag das vorteilhaft sein, nicht aber für unser seelisches Wohlbefinden. Denn als Milch müssen wir die Bitterkeit des Kaffees ertragen und als Kaffee die Verwässerung durch die Milch. Es kann also zu Unzufriedenheit kommen, wenn wir konfluent zusammenfließen.

Wie schaffen wir es überhaupt, zu Milchkaffee zu werden? Es beginnt damit, dass wir die Frage, was der andere über uns denkt, wichtiger nehmen als unseren Wunsch, etwas zu tun. Wenn wir uns im Kopf des anderen aufhalten und versuchen vorwegzunehmen, was dieser Mensch über uns denkt, dann sind wir nicht mehr frei zu entscheiden, wie wir sein wollen.

Wir sind dann mehr mit den möglichen Konsequenzen unseres Verhaltens beschäftigt, wie wir auf den anderen wirken und was wir tun müssen, dass es gut beim anderen ankommt, als mit unseren Absichten und Wünschen. Und schon sind wir nicht mehr bei uns.

Wie oft haben Sie das Gefühl, etwas nicht tun oder sagen zu dürfen, nur weil sie Angst haben, dann beim anderen in einem schlechten Licht zu stehen und nicht mehr gemocht zu werden? Natürlich müssen wir im Zusammenleben unser Verhalten an unsere Umgebung anpassen. Aber darum geht es hier nicht, sondern um die Frage: Darf ich bei dem anderen so sein, wie ich bin, oder muss ich mich verstellen, um akzeptiert zu werden?

Der Einstieg in die Konfluenzfalle ist die Überzeugung, nicht so sein zu dürfen, wie wir sind, sondern so, wie der andere uns haben will. Das bedeutet, wir müssen Selbstaufgabe üben. Da wir in der Regel keine Hellseher sind, werden wir die Frage, ob wir den Vorstellungen des anderen entsprechen, sowieso nie richtig beantworten können. Wenn wir es wirklich wissen wollen, müssen wir danach fragen, aber das wäre ein autonomes Verhalten und widerspräche der Konfluenz. Denn diese Frage könnte der andere »blöd« finden und genau das versuchen wir ja zu vermeiden.

Merken Sie allein beim Lesen, wie kompliziert dieses Denken ist? Vielleicht sollten Sie am besten darauf verzichten und stattdessen fragen, womit es Ihnen gut geht und wie Sie authentisch werden.

Eine positive Form des Zusammenfließens kann zeitweilig sehr schön und verbindend sein, um das Gefühl von Gemeinsamkeit zu erleben. Beispielsweise wenn man zusammen einen Sonnenuntergang am Meer genießt und in eine gleiche

Stimmungslage kommt. In diesem Moment ist es hinderlich, sich abzugrenzen und in die andere Richtung zu schauen. Doch bald ist es nötig, wieder Milch und Kaffee zu werden, um sich nicht im anderen zu verlieren. Nicht das gemeinsame Fühlen und Erleben ist das Problem, sondern die Selbstaufgabe. Und die kann man vermeiden, indem man seine Eigenheit lebt und die Fähigkeit erwirbt, sich sowohl abzugrenzen als auch anzupassen. Das macht einen selbstbestimmten Menschen aus.

Milchkaffee ist nichts für die Seele

» Milch im Kaffee ist ein Bild für Konfluenz (Zusammenfließen).

» Im seelischen Bereich geht Konfluenz mit Selbstaufgabe einher.

» »Was denkt der andere, wenn ich …« ist der Einstieg in die Konfluenzfalle.

» Durch Konfluenz sind wir nicht mehr in Kontakt mit unseren Stärken und Wünschen, sondern mit der Anpassung an die Erwartungen des anderen.

» Wir vermeiden, uns abzugrenzen und unsere Aggression zu leben, um die Harmonie zu erhalten.

» Riskieren Sie Ihre Eigenheit.

» Passen Sie sich an, ohne sich aufzugeben.

Gefällt mir / Gefällt mir nicht

Bewertungen können ein Auslöser für Selbstzweifel werden, wenn unsere Selbsteinschätzung davon abhängt. Bewertungen gehören zu unserem Leben, ob wir das nun gut finden oder nicht. Wir wachsen quasi mit Bewertungen auf: »Das hast du toll gemacht« oder »Das ist nicht richtig, nicht gut genug«. Die positive Bewertung wirkt als Lob, wertet uns auf und gibt uns ein Gefühl von Erfolg. Kritik kann uns helfen, etwas zu verbessern, aber ebenso unser Selbstwertgefühl schwächen.

In Schule und Studium erhalten wir die Bewertung in Form von Noten, die unser ganzes Leben und unsere weitere Berufsausbildung prägen. Bewertung ist ein Kriterium der Personalauswahl und der Beurteilung der Aufstiegschancen. Sogar beim Kauf von Blumen bewerten wir die eine Pflanze als tauglich, die andere als zu mickrig und kaufen die erstere.

Völlig wertfrei zu sein ist in diesem Sinne gar nicht möglich. Wir bilden uns über uns und andere eine Meinung, klassifizieren das Verhalten nach gut oder schlecht, passend / unpassend, angenehm / unangenehm, hilfreich / schädlich und so fort. Mit diesen Zuordnungen gehen Erwartungen einher, die dazu dienen, unser Leben überschaubar zu machen. Die Bedeutung von Bewertungen nimmt jedoch besonders im Internet immer groteskere Formen an. Bei Facebook und Twitter zählen die Freunde, die Follower, und permanent begegnen wir den Buttons »gefällt mir« mit Daumen hoch und »gefällt mir nicht« mit Daumen runter.

Für manche Menschen kann der Daumen nach unten ein seelisches Todesurteil bedeuten, weil er der Beweis dafür ist, dass er nicht ankommt. Aber nicht nur im Internet, auch persönlich neigen wir stark dazu, die Welt in Bewertungskategorien wahrzunehmen. Die Bewertung durch die anderen wird immer mehr zum persönlichen Qualifikationsmerkmal. Unsere Beziehungen unterliegen der permanenten Bewertung, ob sie uns nützen oder nicht. Die Qualität rückt in den Hintergrund, der Nutzen des anderen in den Vordergrund.

Die Bewertung wird zum Hauptmechanismus bei der Beurteilung eigenen und fremden Verhaltens. Die Zustimmung des anderen entscheidet über unseren Wert, nicht mehr wir selbst. Das ist im Grunde ein narzisstischer Mechanismus. Das heißt, dass es hauptsächlich um positive Fremdbewertung und nutzbringende Beziehungen geht, die dazu dienen, das eigene Selbstwertgefühl zu stärken. In dem Moment, in dem das Urteil negativ ausfällt, hilft die Abwertung des anderen, den eigenen Selbstwert stabil zu halten: »Der hat ja keine Ahnung, dass er mich so schlecht bewertet, der sieht gar nicht, wie gut ich bin.« Dadurch wird der eigene Wert gestärkt, aber die andere Person dafür entwertet.

» Bitte achten Sie einmal auf Ihre Gedanken und Aussprüche, wenn Sie an einem Platz sitzen, an dem viele Menschen vorbeikommen:
   » Mit welcher Haltung beobachten Sie andere Menschen?
   » Sind Sie einfach nur neugierig oder kategorisieren Sie automatisch in gefällt / gefällt nicht?
   » Neigen Sie dazu, Menschen, die Ihnen nicht gefallen, abzuwerten nach dem Motto: Oh wie schrecklich, wie sieht die denn aus …?

» Und achten Sie auch einmal auf Ihre Gedanken und Aussprüche, wenn Sie in ein Café oder über einen Platz gehen, wo viele Menschen sitzen?

  » Machen Sie sich Gedanken darüber, wie die anderen Sie sehen?

  » Werden Sie unsicher und bemühen sich, eine gute Figur zu machen?

  » Fühlen Sie sich nur selbstsicher, wenn Sie glauben, die anderen bewerten Sie positiv?

  » Vermeiden Sie es, dort entlangzugehen und machen lieber einen Umweg, auf dem Sie niemand sieht?

  » Vermeiden Sie es, durch das Lokal zu laufen, und suchen sich einen Platz ganz am Rand?

  » Gibt es Tage, an denen Sie sich sehr gerne zeigen?

  » Was ist an diesen Tagen anders?

Sinn und Unsinn des Selbstkritikers

Jeder Mensch besitzt einen sogenannten inneren Kritiker in Form einer inneren Stimme, die uns und unser Handeln kommentiert. Er ist, wenn man so will, die harsche Stimme des Selbstzweifels. Menschen unterscheiden sich darin, wie wichtig sie diese Stimme nehmen und welchen Wert sie ihr zumessen.

Eine ehemalige Klientin nannte diesen inneren Kritiker ihre Registrierkasse. Sie zeichnet alles auf, was sie getan hat und liefert am Ende die Rechnung: »Das hast du gut gemacht oder nicht.« In ihrem Fall war die Rechnung in der Regel hoch, weil sie immer dann, wenn sie sich lebendig fühlte und aus sich herausging, mit einer massiven Kritik bis zur vollständigen Entwertung konfrontiert wurde. »Was hast du wieder getan, was denken die anderen von dir, unmöglich, wie du dich aufgeführt hast. Blamiert hast du dich. Musst dich nicht wundern, wenn die anderen nichts mehr mit dir zu tun haben wollen.« Die Folge dieser inneren Selbstbestrafung war ein Ess-Brechanfall, bei dem sie einerseits ihre Spannung abführte, die durch diese Beschimpfung entstand, auf der anderen Seite sich noch eins draufgab und sich bewies, wie mies und schlecht sie war.

Eine andere Variante im Umgang mit dem inneren Kritiker finden wir bei Wilhelm Busch, der Folgendes schreibt:

Die Selbstkritik hat viel für sich.
Gesetzt den Fall, ich tadle mich,
So hab ich erstens den Gewinn,
Dass ich so hübsch bescheiden bin;

Zum Zweiten denken sich die Leut,
Der Mann ist lauter Redlichkeit;
Auch schnapp ich drittens diesen Bissen
Vorweg den andern Kritiküssen;

Und viertens hoff' ich außerdem
Auf Widerspruch, der mir genehm.
So kommt es denn zuletzt heraus,
Dass ich ein ganz famoses Haus.

Diese Art des Umgangs mit der Selbstkritik ist schlau, denn am Ende kommt bei ihm die Selbstanerkennung heraus: das famose Haus, das ich bin. Und dennoch ist es eine zwar augenzwinkernde, aber narzisstische Art, da es ihm scheinbar weniger um Einsicht in seine Fehler geht als mehr um sein gutes Abschneiden und den guten Schein, den er von den anderen bestätigt bekommen möchte.

Im Gegensatz dazu ist bei vielen Menschen die Selbstkritik sehr verletzend und entwertend, wie wir es bei der Patientin gehört haben. Die innere Stimme wird dann zu einer permanenten Selbstabwertung im Sinne negativer und strafender Bemerkungen. »Mein Gott, bin ich blöd.« »Was hab ich nun schon wieder angestellt?« »Puh, sehe ich schrecklich aus.« etc.

Bitte überlegen Sie einmal, welche »Lieblingsabwertungen« Sie bevorzugen. Wenn Ihnen nichts einfällt, können Sie Menschen fragen, die viel mit Ihnen zusammen sind, die werden das sicher wissen. Oder beobachten Sie sich, wie Sie mit sich selbst sprechen. Da die Selbstentwertungen so automatisch ablaufen, ist es notwendig, sie sich bewusst zu machen, um sie zum Schweigen zu bringen. Vielleicht erschrecken Sie sogar darüber, wie Sie mit sich umgehen. Fragen Sie sich, wie lange es jemand neben Ihnen aushalten würde, mit dem Sie so reden wie mit sich selbst. Ich bin sicher, die Person würde schnell das Weite suchen, weil es zu verletzend ist.

Mit der negativen Art des Umgangs beeinflussen Sie ihr Denken, Fühlen und Handeln, ohne dass Sie es merken. Nur wer sich den ganzen Tag abwertet, kann am Abend ein Gefühl von Minderwertigkeit erleben. Und umgekehrt: Wenn Sie sich angemessen kommentieren, werden Sie sich auf jeden Fall besser fühlen.

Hier setzt die positive Seite der Selbstkritik an: Es geht nicht wie bei Wilhelm Busch allein darum, sich ins beste Licht beim anderen zu setzen, sondern kritisch im Sinne von gewissenhaft prüfend zu sein.

» Ist mein Verhalten angemessen, kann ich etwas verbessern und verändern, muss ich mich mehr anstrengen?

» Erreiche ich so, wie ich mich verhalte, das Ziel, das ich mir gesetzt habe? Wenn nicht, was kann ich ändern, um zu einem positiven Ergebnis zu kommen?

Selbstkritik auf diese Weise zu üben bedeutet, sich ohne Abwertung zu hinterfragen. So kann sie zu einer Chance werden und eine Veränderung und damit eine Verbesserung einleiten.

» **Notieren Sie hier Ihre »Lieblingsabwertungen«:**

....

....

....

Der strenge
innere Kritiker

» ist die harsche Stimme des Selbstzweifels,

» verurteilt uns,

» besteht aus Entwertungen,

» schwächt unser Selbstwertgefühl.

Der positive
innere Kritiker

» weist uns auf Fehler und Versäumnisse hin,

» regt uns zum Nachdenken an,

» ist nicht abwertend, sondern annehmend,

» löst neue Handlungsimpulse aus,

» stärkt unser Selbstvertrauen.

Umgang mit Kritik

Zu unseren Selbstzweifeln gehört auch die Unfähigkeit, mit Kritik umzugehen. Wir reagieren mit Kränkungsgefühlen, da kritische Äußerungen unsere Selbsteinschätzung negativ berührt. Unsere erste Reaktion auf Kritik ist ein Schreck über die Tatsache, dass wir etwas falsch gemacht haben oder dem anderen etwas an uns missfällt. Das allein ist aber noch keine Kränkungsreaktion. Diese setzt erst dann ein, wenn wir uns als Kritisierte entwertet und abgelehnt fühlen. Je unsicherer unsere Selbsteinschätzung ist und je mehr wir uns und unser Handeln in Frage stellen, umso größer ist die Gefahr, dass wir Kritik als Kränkung erleben.

Dabei spielt auch das Verhältnis zum Kritisierenden eine wesentliche Rolle. Können wir vertrauen, dass er uns in der Kritik die Wahrheit sagt oder will er uns vorsätzlich verletzen? Gewöhnlich werden wir mehr durch Menschen gekränkt, die uns nahe stehen, weil wir deren Aussagen persönlicher nehmen als die von Fremden. Zum anderen gehen wir davon aus, von Nahestehenden immer gut behandelt zu werden. Die Kritik von einem Freund kann uns deshalb tiefer verletzen und massiver kränken, da wir sie gerade von ihm nicht erwarten würden. Auf der anderen Seite kann die Kritik von einem Freund wichtig sein, weil er uns damit auch seine Wertschätzung für uns vermittelt. Denn Sie werden von sich selber wissen, wie schwer es fällt und wie viel Mut es kostet, einem Ihnen nahestehenden Menschen etwas Negatives zu sagen. Der andere muss Ihnen schon sehr viel bedeuten, wenn Sie dieses Wagnis eingehen.

Unsere Reaktionen auf Kritik hängen zudem von den Umständen ab, unter denen sie ausgesprochen wird. Wir erleben möglicherweise weniger Kränkung, wenn wir ausdrücklich um kritische Rückmeldungen bitten, als wenn wir ohne Ankündigung kritisiert werden. Je nachdem, in welchem Tonfall, mit welchen Worten und mit welcher Absicht uns jemand kritisiert, werden wir mehr oder weniger gekränkt reagieren.

Je geringer unser Selbstwertgefühl ist, desto stärker reagieren wir auf Kritik und haben Mühe, unsere positiven Seiten noch zu erkennen. Wir laufen schlimmstenfalls Gefahr, alles, was wir bisher erfolgreich geleistet haben, aus unserem Gedächtnis zu löschen.

Als Kritisierende sollten wir beachten, dass Kritik, auch wenn sie mit Achtung ausgedrückt wird, das Selbstwertgefühl der kritisierten Person beeinträchtigt.

Daher ist es ratsam, Kritik auf der Basis eines guten Kontakts zusammen mit positiven Rückmeldungen zu vermitteln, um unnötige Verletzungen zu vermeiden.

Je stärker unsere Selbstabwertung, umso mehr leiden wir unter Kritik von anderen.

Umgang mit Kritik

» Kritik tut in der Regel weh, wir werden lieber gelobt.

» Wir können aus Kritik lernen, wenn wir sie nicht als Vernichtung unserer Person erleben, sondern als Rückmeldung auf unser Verhalten und unsere Leistung.

» Wir müssen Kritik nicht »schlucken«, wenn sie uns ungerechtfertigt erscheint.

» Kritik werden wir nie vermeiden können, auch wenn wir uns noch so sehr anstrengen.

» Auch wenn wir kritisiert werden, sind wir wertvoll.

Ich bin nicht wichtig

Viele Menschen mit starken Selbstzweifeln und einem schwachen Selbstwertgefühl leiden darunter, sich nicht wichtig zu fühlen bzw. sie glauben, sie seien für andere nicht wichtig. Oft entsteht diese Einstellung schon früh, wenn die Umwelt darauf pocht, dass man sich zurücknehmen soll. Doch was heißt das? Wenn eigene Belange, Wünsche, Empfindungen, Impulse und Gedanken nicht ernst genommen werden, keiner sie hören will, sondern sie abgewiegelt, verlacht, mit Aggression oder Interesselosigkeit beantwortet werden, dann kann daraus das Gefühl entstehen, dass die anderen wichtiger sind und die eigene Person keine Bedeutung hat.

Gudrun war die einzige Tochter und sie wuchs bei ihren Eltern auf. Doch diese waren so sehr mit sich selbst beschäftigt, dass sie sich kaum um die Kleine kümmerten und sie viel mit ihrem Au-pair-Mädchen allein ließen. Sie dachten sich nichts dabei, doch Gudrun litt sehr darunter, so abgeschoben zu werden. Ihre Wünsche nach Nähe und Beachtung und ihr Bedürfnis, den Eltern wichtig zu sein, blieben unerfüllt. Um sie aber nicht zu enttäuschen und um für sie passgenau zu sein, zeigte sie keinem ihr Leid. Sie tat so, als sei alles gut. Sie fand zwar in dem Au-pair-Mädchen eine Gefährtin zum Spielen, aber mehr auch nicht. Auch konnte sie sich nicht wirklich auf sie einlassen, denn nach kurzer Zeit würde sie wieder weggehen und durch eine andere ersetzt werden. Als Erwachsene nahm sie sich immer zurück, da sie sich zu unwichtig fand, kam dadurch in ihrem Leben aber total zu kurz. Sie suchte Trost in der Arbeit und im Essen. Sie schuftete bis zur Erschöpfung und machte alle Arbeiten mit großer Perfektion. Kam sie ausgepowert nach Hause, stopfte sie sich mit Essen voll und fand erst etwas Ruhe und Befriedigung, wenn sie sich bis zum Anschlag voll fühlte. Doch das gute Gefühl hielt nie lange an, denn der eigentliche Hunger nach Leben, Beziehungen und dem Gefühl, für jemanden wichtig zu sein, konnte mit noch so viel Essen und Arbeit nicht gestillt werden.

Personen, die sich total zurücknehmen, leben nach dem Motto »Ich bin nicht so wichtig wie die anderen« und lassen daher allen anderen den Vortritt. Erst werden die anderen versorgt, dann kommen sie vielleicht irgendwann auch einmal dran. Sie können nicht Nein sagen und sich gegen Ansprüche und Wünsche von außen zur Wehr setzen, da sie automatisch die Anliegen der anderen mehr berücksichtigen als die eigenen, sofern sie ihre eigenen überhaupt spüren. Auch haben sie es schwer, um etwas zu kämpfen oder sich durchzusetzen, weil das ihrer Bescheidenheit widerspricht. Doch diese Bescheidenheit ist eher ein permanenter Verzicht als selbstloses Verhalten. Zufrieden werden sie dadurch nicht, weil sie zu kurz kommen und sich für andere aufarbeiten. Wer sich jedoch immer zurücksetzt, wird frustriert und ärgerlich. So gekränkt, weil sie zu wenig bekommen, zeigen sie ihre Aggressionen meist nur passiv oder indirekt: beispielsweise durch Verweigerung, Zuspätkommen, Vergessen von Dingen, die sie für andere erledigen sollten, Verrat von Geheimnissen, die ihnen anvertraut wurden oder auch Krankheit, die ihnen die Erlaubnis gibt, an sich zu denken. Manche reagieren beleidigt und reiben den anderen unter die Nase, wie selbstlos sie sind. Aus ihrer Unzufriedenheit heraus werden sie geizig und verschließen ihr Herz. Wenn sie sich jedoch erlauben, wichtig zu sein, werden sie nicht nur ein besseres Lebensgefühl, sondern auch mehr Selbstwertgefühl entwickeln.

Es gibt noch ein zweites Reaktionsmuster auf die ausgesprochene oder unterschwellig vermittelte Anweisung »Nimm dich nicht so wichtig«: das Insistieren auf noch mehr Beachtung.

Diese Menschen leben nach dem Motto: »Ich bin der / die Wichtigste und alle müssen sich nach mir richten.« Sie reagieren schnell gekränkt, wenn sie beispielsweise warten müssen oder jemand ihnen nicht genügend Zuwendung schenkt. Sie sind so verletzbar, dass schon die geringste Form der Nichtbeachtung eine große Reaktion auslösen kann. Das geht manchmal so weit, dass der Partner beleidigt ist, wenn die Partnerin neben ihm liest. Dann muss er nämlich ihre Aufmerksamkeit mit einem Buch teilen, was er als Affront gegen seine Wichtigkeit erlebt. Wird er dann sauer, versteht sie oft nicht, worum es geht. Sie fühlt sich nun ihrerseits angegriffen, so dass es leicht zum Streit über das Buch kommen kann, obwohl das Problem ganz woanders liegt, nämlich im Gefühl der Unwichtigkeit und dem Zurückgesetztwordensein.

Diesen Menschen ist oft gar nicht bewusst, dass sie darunter leiden, sich nicht wichtig zu fühlen. Stattdessen ärgern sie sich nur über die anderen, sind gekränkt und beleidigt oder aggressiv. Diese Reaktionen tragen leider nicht dazu bei, dass ihr Ansehen bei den anderen steigt, im Gegenteil. Sie bekommen zwar Aufmerksamkeit für ihr gekränktes Verhalten, aber nicht für ihre Person. Durch ihre Aggression vertreiben sie die, von denen sie etwas haben wollen und werden in deren Augen vielleicht wirklich unwichtig, weil sich keiner mehr mit ihnen auseinandersetzen will oder sich in die Schusslinie wagt. Damit hat sich die Befürchtung »Ich bin nicht wichtig« bestätigt. Aber nicht, weil der Mensch wirklich unwichtig ist, sondern weil er sich beziehungsstörend verhält.

Ich bin nicht wichtig

» Diese Einstellung bildet sich früh im Leben.

» Sie entsteht durch die Erfahrung, dass das eigene Erleben niemanden interessiert und keiner angemessen darauf reagiert.

» Weder die Überheblichkeit noch die selbstlose Bescheidenheit sind gute Lösungen.

» Die anderen nehmen uns meist wichtiger als wir uns selbst.

» Daher sollten auch wir beginnen, uns wichtig zu nehmen und unsere Bedürfnisse ernstzunehmen.

Liebesentzug und Trennungen

Das Gefühl, nicht wichtig zu sein, tritt bei Trennungen oder Liebesverlust besonders stark auf. Wenn sich ein geliebter Mensch von uns abwendet, weil er stirbt, wegzieht oder sich einen anderen Partner / Partnerin sucht, dann bleiben wir mit unserem Schmerz, unserer Wut, der Verlassenheit und Entwertung zurück. Mitunter stürzt eine ganze Welt zusammen, weil sie mit dem anderen verbunden war. In unserer Seele fühlen wir uns verletzt, ungerecht behandelt, verzweifelt und haltlos. In diesen Momenten schlagen unsere Selbstzweifel und Abwertungen hart zu, besonders dann, wenn wir den Partner an eine andere oder einen anderen verlieren. Die Selbstvorwürfe reichen von »So wie ich bin, will mich keiner«, »Ich habe keine Beziehung verdient«, »Ich bin einfach zu blöd, zu hässlich, zu fett« bis zur Infragestellung der eigenen Existenz »Was habe ich hier auf der Erde überhaupt verloren?«, »Ich habe kein Recht, da zu sein.«

In diesen Zeiten brauchen wir viel Unterstützung, denn es geht nicht nur um unser Selbstwertgefühl, sondern um unsere Lebensbasis. Die zu stützen ist das Notwendigste. Das kann mit Hilfe von guten Freunden, der Familie oder auch einer Therapie geschehen. Wenn wir spüren, nicht allein zu sein, Menschen zu haben, auf die wir uns verlassen können, bei denen wir Trost und Zuwendung bekommen, kann die Wunde heilen. In besonders krisenhaften Zeiten ist es leichter, sich erst einmal Zuwendung von außen zu holen, als sie sich selbst zu geben. Doch man darf nicht vergessen, dass die fremde Hilfe nur etwas bewirken kann, wenn wir sie auch annehmen und für uns nutzbar machen. Unsere Selbstunterstützung ist unabdingbar, um wieder ins Gleichgewicht zu kommen. Auch wir selbst müssen uns gut zureden, uns trösten und beruhigen. Und uns klarmachen, dass Liebesentzug oder Trennungen nichts mit unserem persönlichen Wert zu tun haben. Sie sind schmerzhaft und grausam, aber kein Grund, unseren Wert zu schmälern. »Auch wenn ich verlassen werde, bin ich ein wertvoller Mensch!«

Sollten alle Versuche, ins Gleichgewicht zu kommen, scheitern, suchen Sie sich bitte professionelle Hilfe, denn manchmal geht es nicht ohne. Wir haben die Verantwortung, alle Möglichkeiten zu nutzen, um uns zu helfen.

Es ist nicht schlimm, Probleme zu haben,
es ist nur schlimm, nichts dagegen zu unternehmen.

Neid und Eifersucht

Neid und Eifersucht sind Gefühle die anzeigen, dass unser Selbstwertgefühl stark ins Rutschen gekommen ist. Sind wir eifersüchtig, dann ist unser Wert bedroht, weil wir uns nicht mehr als die Nummer eins beim anderen fühlen. Jemand oder etwas anderes ist wichtiger als wir. Wir sind gekränkt und fühlen uns zurückgesetzt. Der Kern der Eifersucht ist die Angst vor dem Verlust der Liebe und entspringt dem Wunsch, die Liebe des anderen zu erhalten. Positiv gewendet wird Eifersucht daher auch das Kind der Liebe genannt.

Auch der Neid schwächt unser Selbstwertgefühl, weil wir etwas nicht haben, was andere besitzen, das uns aber sehr attraktiv erscheint. Je neidischer wir sind, umso mehr unerfüllte

Wünsche und Bedürfnisse haben wir. In der Werbung, dem bildlichen Ausdruck unserer narzisstischen Gesellschaft, wird uns täglich vor Augen geführt, dass wir nur toll und wertvoll sind, wenn wir bestimmte Produkte kaufen, mit denen wir uns schmücken oder unser Äußeres entsprechend manipulieren. Und das schürt den Neid auf die Reichen, Schönen, Schlanken, Erfolgreichen und Jungen, die das alles besitzen können und die so sind, wie wir auch sein wollen. Neid hat viel mit haben wollen zu tun, weniger mit sein. Neidlos können wir nur sein, wenn wir zufrieden sind und wir uns selbst und die anderen so sein lassen können, wie wir sind.

Im Märchen Schneewittchen begegnen wir einer neidischen Königin, die sich durch die Schönheit von Schneewittchen in ihrem Selbstwert bedroht fühlt. Wer darauf angewiesen ist, die schönste oder tollste Frau sein zu müssen, wird nie aus dem Neid herauskommen, weil es immer welche gibt, die schöner und toller sind als wir. Nicht in den Superlativen finden wir unseren Wert, sondern in der Gleichwertigkeit.

Geh nicht vor mir her, denn ich könnte dir nicht folgen.
Geh nicht hinter mir, denn ich könnte dich verlieren.
Geh nicht unter mir, denn ich könnte auf dich treten.
Geh nicht über mir, denn ich könnte dich als Last empfinden.
Geh an meiner Seite, denn wir sind einander ebenbürtig.[5]

Trennungen, Neid und Eifersucht

» Wir erleben Liebesverlust und Trennungen als Entwertung unserer Person.

» Im Neid drücken sich unsere unerfüllten Wünsche und Sehnsüchte aus.

» Statt auf andere neidisch zu sein, ist es besser, sich mit den eigenen Defiziten auseinanderzusetzen.

» Neidlos können wir nur sein, wenn wir zufrieden sind und wir uns selbst und die anderen so sein lassen, können wie sie sind.

» Eifersucht ist eine Form des Gekränktseins: Wir fühlen uns persönlich zurückgewiesen und in unserem Wert geschmälert.

Schuldgefühle

Schuldgefühle sind immer verbunden mit Selbstzweifeln und Selbstwerteinbrüchen. Die Gelegenheiten, sich schuldig zu fühlen, sind so vielfältig wie die Menschen, die darunter leiden. Allen gemeinsam ist das Erleben, etwas Schlechtes getan zu haben, nicht ausreichend gewesen zu sein oder nicht okay zu sein. Schuldgefühle treten auf, wenn wir glauben, etwas tun zu müssen, auch wenn wir es nicht wollen oder wir uns aus moralischen Gründen verpflichtet fühlen. Innerlich aber spüren wir, dass wir nicht überzeugt sind und »eigentlich« gerne anders handeln würden. Wir kommen in einen Konflikt zwischen dem, was wir wollen und dem, was wir tun müssten. Durch unsere Schuldgefühle entscheiden wir uns schließlich gegen unsere Wünsche.

Corinna bekam immer dann massive Ängste, wenn ihr Menschen zu nahekamen. Das spürte sie vor allem im Kontakt zu ihrem Mann, der viel Gemeinsamkeit von ihr forderte. Sie jedoch hatte den Wunsch, auch einmal einige Stunden allein zu sein, ohne mit ihm spazieren zu gehen oder eine Freundin zu treffen. Da er ihre Distanzwünsche nicht gut hieß, hatte sie das Gefühl, egoistisch, schlecht und nicht beziehungsfähig zu sein. Sie wollte vermeiden, ihn zu verletzen und passte sich widerwillig an. Dadurch entstand schnell heftiger Streit, der dann die benötigte Distanz möglich machte.

Verleugnen wir unsere Wünsche und passen uns an, dann sind wir ohne Schuld, entscheiden wir uns für unsere Vorstellungen, zahlen wir dafür mit Schuldgefühlen. So betrachtet sind Schuldgefühle Helfer auf dem Weg zur Selbstbestimmtheit, denn sie treten immer dann auf, wenn wir uns nicht gegen unseren Willen anpassen, sondern uns authentisch verhalten. Wir könnten sie daher herzlich willkommen heißen, denn sie zeigen, dass wir uns gerade souverän und selbstbestimmt verhalten. Wenn wir gelernt haben, uns mehr nach uns zu richten als nach dem Außen, werden diese Schuldgefühle überflüssig.

Selbstunsicherheit

Die Folge unserer Selbstzweifel ist Selbstunsicherheit. Wir trauen uns nichts zu, haben Angst zu versagen, befürchten, abgelehnt zu werden und uns zu blamieren, besitzen kein Selbstvertrauen, können Positives nur schwer annehmen und leiden unter einer großen Schüchternheit.

Selbstunsicherheit ist mit einem ängstlich-vermeidenden Verhalten gekoppelt, das jede mögliche Gefahr vorwegzunehmen und zu umgehen versucht. Durch die Furcht vor einer möglichen Ablehnung vermeiden selbstunsichere Menschen Kontakte. Die Vereinsamung schützt zwar vor Verletzung, schwächt aber das Selbstwertgefühl und steigert die Selbstzweifel: »Schau, ich bin allein, keiner kümmert sich um mich, keiner mag mich.« Dieses Denken endet in einem Leben voller Minderwertigkeitsgefühle und Unsicherheit. Es entsteht eine Spirale, bei der die Angst und Unsicherheit immer größer werden, je mehr sie durch Vermeidung unter Kontrolle gebracht werden sollen. In der Therapie finden wir die ausgeprägtesten Formen als selbstunsichere oder ängstlich-vermeidende Persönlichkeit.

Schuldgefühle und Selbstunsicherheit hängen häufig zusammen:

» Je weniger wichtig wir uns und unsere Bedürfnisse nehmen, umso schwerer können wir uns für sie einsetzen.

» Wir zweifeln, ob wir berechtigt sind, das zu wollen, was uns gut tut.

» Wir fühlen uns schuldig, wenn wir uns durchsetzen und tun, was wir wollen.

» Je selbstunsicherer wir sind, umso stärker werden wir unter Schuldgefühlen leiden.

» Schuldgefühle können ein wichtiges Indiz sein: Sie zeigen uns, dass wir uns selbstbestimmt verhalten haben.

Ein Aschenputtel-Leben im Verborgenen

»Wenn ich einen Raum betrete, in dem Menschen sind, will ich am liebsten unsichtbar sein. Ich fühle mich so hässlich und schlecht, dass ich mich niemandem zumuten will.«

So beschrieb es eine Klientin von mir. In ihrer Vorstellung sah sie sich als Aschenputtel, das sich lieber verkriecht als gesehen zu werden. Das Unsichtbarsein passte zu ihrem Minderwertigkeitsgefühl.

Aschenputtel steht für einen Menschen, der sich wertlos fühlt und daher große Angst hat, sich zu zeigen. Es lebt ein Leben im Verborgenen, unter seiner Würde und wird daher nicht wahrgenommen und oft sogar vergessen.

Wie viele Frauen kenne ich, denen es genauso geht. Wenn schon am Leben teilnehmen, dann nur heimlich im Untergrund. Viele Frauen verstecken ihre Beziehungswünsche oder ihren Partner, leben nur Nacht- oder Wochenendbeziehungen, die mit dem Alltag nichts zu tun haben, trauen sich nicht zu ihrer Liebe und zu ihren Erfolgen zu stehen, sondern stellen ihr Licht unter den Scheffel. Sie rennen immer wieder weg, wenn es »ernst« wird, wenn das gelebte Leben nach ihnen greift. Und verkriechen sich wieder in der Asche der Minderwertigkeit, im altbekannten Elend. Nur im Geheimen sind sie die Auserwählte, die Schöne und Umworbene, die auf dem Fest des Prinzen tanzen darf, aber im Leben fühlen sie sich unattraktiv, nicht liebenswert und einsam.

Wie kann es dazu kommen? Nehmen wir das Märchen zu Hilfe.

Aschenputtel fehlt die Mutter, die ihm den Weg in das erfüllte Frausein weisen könnte. Im Märchen ist sie tot, im realen Leben vielleicht anwesend, aber selbst unglücklich, ohne positives Frauenbild und ohne Erfüllung. Vielleicht sogar auf die Solidarität und Unterstützung der Tochter angewiesen. Das beeinflusst in der Regel auch die Beziehung zum Vater negativ. Dieser vergisst seine kleine Tochter, kümmert sich nicht um ihre Belange, hält sie nicht von ihrer negativen Tendenz ab, sich in die Asche zu flüchten. Er kann oder will ihr keine Stütze sein. Die ganze Aufmerksamkeit ist auf die Stieftöchter gerichtet, die strahlenden, verwöhnten und schillernden Persönlichkeiten. Sie symbolisieren die schöne Schwester, die alles bekommt, die vom Vater verehrt wird und gegen die Aschenputtel keine Chance hat. Sie weiß nicht, womit sie das Interesse des Vaters erringen, wie sie seine Zuwendung bekommen kann. Sie steht im Schatten und muss sich scheinbar damit abfinden.

Diese vielen Zurückweisungen und Entwertungen schwächen das Selbstwertgefühl zusätzlich, was die Minderwertigkeitsgefühle noch größer machen. Ein Teufelskreis.

Hinter jedem Aschenputtel versteckt sich eine Prinzessin.

Das Aschenputtel-Leben hat folgende Merkmale:

» Es ist ein Leben im Verborgenen: Lieber verstecken, als sich dem Leben zu stellen.

» Es herrschen negative Einstellungen vor: Ich bin unwichtig, hässlich, habe kein Recht auf ein erfülltes Leben.

» Es gibt wenig Impulse, dem Elend zu entkommen.

» Es ist geprägt von Selbstunsicherheit und Schuldgefühlen, von Einsamkeit und Unterordnung.

» Beziehungen machen Angst und werden vermieden oder bedeuten, anderen zu Diensten zu sein.

» ABER: in Aschenputtel steckt eine schöne Frau, die am Ende siegt. Sie zum Leben zu erwecken, lohnt sich.

Das
Selbstwertgefühl

Das Selbst-Wert-Gefühl

Das Selbstwertgefühl ist das subjektive Gefühl für unseren Wert als die Person, die wir sind. Es beruht darauf, wie wir uns selbst, unsere Eigenschaften, Fähigkeiten und unsere Gefühle einschätzen und bewerten.

Das Selbstwertgefühl reicht von wert-voll bis wert-los (unwert) und dazwischen liegen viele Graustufen. Je wertvoller wir uns einschätzen, umso geringer und weniger destruktiv fallen unsere Selbstzweifel aus.

Doch anders als wir vielleicht glauben, ist das Selbstwertgefühl nicht statisch, es schwankt. An manchen Tagen erleben wir uns stark und selbstsicher und fühlen uns den Herausforderungen des Lebens gewachsen. An anderen Tagen würden wir uns lieber verkriechen und die Decke über den Kopf ziehen. Wir trauen uns wenig oder nichts zu, sind unsicher und glauben nicht an uns. Um uns in diesen Zeiten der Selbstunsicherheit und der Selbstzweifel zu unterstützen, schlage ich Ihnen folgende kleine, aber sehr effektive Übung vor.

» Bitte rufen Sie sich jene Momente ins Gedächtnis, in denen Sie sich wertvoll fühlten. Wann war das, wo waren Sie, mit wem und was taten Sie? Für manche Menschen sind es Augenblicke des Stolzes nach einer gelungenen Arbeit, für andere das Dasein in der Natur, für den Dritten das Erleben von Zuneigung und Liebe. Was es auch immer sei, wichtig ist das Bild dieses Momentes. Bleiben Sie bei dem Bild, das am stärksten wirkt. Gehen Sie in das Bild hinein und stellen Sie es sich so plastisch wie möglich vor. Spüren Sie in das positive Erleben Ihres Selbstwertes und verankern Sie das Gefühl in Ihrem Körper an der Stelle, an der Sie es besonders stark wahrnehmen, z.B. im Bauch, in der Brust, im Herzen oder im Sonnengeflecht. Dieses Energiezentrum liegt am Oberbauch und wird in der Chakrenlehre auch mit Selbstvertrauen verbunden. Bleiben Sie eine Weile bei diesem Körperteil, assoziieren Sie noch eine Farbe dazu und lassen Sie alles auf sich wirken. Atmen Sie ruhig ein und aus und genießen Sie die Wärme und Schwere der Entspannung.

In Zeiten von Unsicherheit können Sie auf dieses Körpererleben zurückgreifen, indem Sie in die entsprechende Stelle hineinatmen, sich die Farbe vorstellen und wieder zu dem selbstwertstarken Moment zurückkehren. Das gibt Ihnen Ruhe, zentriert Sie und versetzt auch Ihr Nervensystem in einen positiven Zustand, der mit Kraft und Sicherheit verbunden ist.

» Dass Sie möglicherweise keinen selbstwertstarken Moment erlebt haben, ist zwar unwahrscheinlich, es kann aber sein, dass Sie ihn nicht mehr erinnern. In diesem Fall stellen Sie sich bitte eine Idealsituation vor.

Was wäre das Schönste, das Sie erleben könnten, um sich selbstbewusst und wertvoll zu fühlen? Malen Sie sich diese Szene vor Ihrem inneren Auge deutlich aus und gehen Sie dann wie oben beschrieben vor. Fantasie ist so kraftvoll wie die Realität. Ich bin jedoch sicher, dass auch Sie Situationen in Ihrem Leben kennen, in denen Sie sich selbstwert gefühlt haben. Machen Sie sich die Mühe und graben Sie in Ihren Erinnerungen, Sie werden etwas finden, es muss ja nichts Spektakuläres sein.

Auch wenn bei allen Menschen das Selbstwertgefühl schwankt, unterscheiden sie sich doch hinsichtlich ihrer grundsätzlichen Stabilität. Es gibt Menschen, die ein sehr brüchiges Selbstwertgefühl besitzen und die fast ausschließlich mit ihren Minderwertigkeitsgefühlen in Kontakt sind. Je instabiler es ist, umso mehr sind sie geplagt von Selbstzweifeln, die ein Gefühl von Ausgeglichenheit und Selbstzufriedenheit verhindern. Und es gibt selbstbewusste Menschen, die in sich gefestigt sind, hinter sich stehen, auf ihre Fähigkeiten vertrauen und mit sich zufrieden sind.

Ein gutes Selbstwertgefühl geht einher mit dem Bewusstsein, ein wertvoller Mensch zu sein. Es basiert auf einer bejahenden Einstellung zu sich selbst, die sich in positiven Grundüberzeugungen ausdrückt:

» Ich bin wertvoll und liebenswert, so wie ich bin.
» Ich muss nicht erst etwas leisten oder mich besonders darstellen, um wertvoll zu sein.

Man kann auch sagen, es ist der Ruf, den ich bei mir erworben habe. Denn wir stehen nicht nur bei anderen Menschen in einem guten oder schlechten Ruf, sondern auch bei uns selbst.

In der Regel ist ein positives Selbstwertgefühl mit angenehmen Gefühlen uns und unserer Umgebung gegenüber verbunden.

Ein stabiles
Selbstwertgefühl

» ist der gute Ruf, den wir uns bei uns selbst erworben
  haben,

» ist die gefühlsmäßige Einschätzung unserer Wertigkeit,

» geht mit Gefühlen von Zufriedenheit einher, wenn wir
  unseren Wert hoch einschätzen,

» beinhaltet eine positive Einstellung uns und anderen
  gegenüber,

» ist verbunden mit wenig destruktiven Selbstzweifeln.

Expliziter und impliziter Selbstwert

In der Psychologie wird zwischen einem expliziten (bewussten) und einem impliziten (unbewussten oder automatischen Selbstwertgefühl unterschieden.

Das implizite Selbstwertgefühl ist die spontane, automatische Bewertung der eigenen Person und zeigt sich im Alltag häufig in beiläufigen Bemerkungen und nicht bewussten Einstellungen uns gegenüber. Es äußert sich beispielsweise indirekt durch unsere Reaktion auf Lob.

»Du siehst heute sehr schick aus.«

»Ach, das Kleid ist uralt und zum Frisör muss ich auch.«

Wer so reagiert, hat vermutlich kein gutes implizites Selbstwertgefühl bezogen auf seine Attraktivität.

Im Gegensatz zum impliziten Selbstwertgefühl zeigt sich das explizite wiederum in unseren bewussten Selbstbeschreibungen. Zum Beispiel:

» Ich habe eine positive Einstellung zu mir selbst.

» Ich würde fast jede Herausforderung annehmen.

» Ich mache mir nicht viele Gedanken darüber, ob andere Leute mich als Versager ansehen.

» Ich sehe gut aus.

» Ich kann mich durch Redegewandtheit immer aus der Affäre ziehen.

Interessant ist, dass diese zwei Selbsteinschätzungen nicht automatisch übereinstimmen müssen. Die Frau aus dem obigen Beispiel könnte nämlich möglicherweise auf die direkte Frage, ob sie sich eher als attraktiv oder unattraktiv einstufen würde, mit Überzeugung »attraktiv« sagen.

In diesem Fall läge eine Nichtübereinstimmung von impliziter und expliziter Selbstwertschätzung vor. Psychologische

Studien zeigen, dass Diskrepanzen zwischen den Einschätzungen in der Regel mit Problemen einhergehen. Die negative implizite Einschätzung beeinflusst die positive explizite, da mit ihr Pessimismus und Selbstzweifel verbunden sind.

Der implizite Selbstwert zeigt sich besonders deutlich im Kontakt mit anderen Menschen. Je näher einem der andere kommt, umso stärker zeigen sich unsere unbewussten Selbstwertmuster, auch wenn diese in anderen Situationen nicht gespürt und gezeigt werden. Ängste, nicht gut genug oder schön genug oder sogar nicht liebenswert zu sein, stellen sich häufig im Kontakt mit einem Liebespartner oder auch anderen nahen Menschen ein, denen wir gefallen und von denen wir gemocht und geliebt werden wollen. Dieses Erleben ist ein Grund, weshalb selbstwertschwache Menschen enge, emotionale Beziehungen häufig vermeiden und sich lieber auf oberflächliche Kontakte einlassen.

Umgekehrt kann es geschehen, dass sich Menschen in den Augen anderer geliebt und wertgeschätzt fühlen, sich aber explizit minderwertig erleben.

Eine Nicht-Übereinstimmung von bewusstem und unbewusstem Selbstwert finden wir auch bei narzisstischen Menschen. Sie besitzen eine hohe explizite Einschätzung, aber eine geringe implizite. Sie können ihre Minderwertigkeit und Unsicherheit so stark verleugnen, dass sie nur noch mit ihren bewussten Größenfantasien in Kontakt sind. Bereits bei Kleinigkeiten jedoch reagieren sie sehr gekränkt, was auf eine schwache implizite Selbsteinschätzung hindeutet. Unbewusst sind sie längst nicht so selbstwertstark.

Impliziter und expliziter Selbstwert

» Der implizite Selbstwert ist unbewusst und wird aus Verhaltensweisen und Aussagen erschlossen.

» Selbstbeschreibungen definieren den expliziten Selbstwert.

» Es kann eine Diskrepanz zwischen beiden vorliegen.

» Der explizite Selbstwert kann positiv sein, auch wenn der implizite negativ ist und umgekehrt.

» Unsere impliziten Selbstwertmuster erkennen wir besonders in nahen, engen Beziehungen.

» Werden negative Muster im Kontakt aktiviert, neigen Menschen eher zu oberflächlichen Kontakten.

Wie sehr mögen Sie Ihren Namen?

Wie sehr mögen Sie Ihren Namen? Warum diese Frage? Weil die Akzeptanz unseres Namens ein Maß für unser implizites, unbewusstes Selbstwertgefühl ist. Wir erkennen es an unseren spontanen Reaktionen auf all die Dinge, die zu uns gehören, wie unseren Namen.

Wenn Sie sich Ihren Namen vorsagen, wie gerne mögen Sie ihn?

Wiederholen Sie ihn einige Male und spüren Sie, welche Gefühle er bei Ihnen auslöst. Gibt es einen Unterschied zwischen Vor- und Nachnamen?

Isolde hatte Probleme mit ihrem Vornamen. Sie bekam ihn von ihrer Mutter, der nach der Geburt kein besserer eingefallen war, wie sie zugab. Isolde konnte sich nie richtig mit ihm identifizieren, so dass er gleichbedeutend mit einer eher negativen Einstellung zu sich selbst und ihrem Frausein war. Ihren Nachnamen verehrte sie dagegen sehr, da er von ihrem Vater kam. So, wie sie ihn idealisierte, tat sie es auch mit seinem Namen. Nach ihrer Heirat behielt sie ihn bei, denn sie wollte nie anders heißen. Ihr Nachname bedeutete ihre Identität und ihren Stolz und war Quelle ihres Selbstwertes.

Sie kam in die Therapie, weil sie unter Ängsten und massiven Selbstzweifeln litt. In der therapeutischen Arbeit zeigte sich, dass sie psychologisch mit ihrem Vater identifiziert war, den sie früh verlor, an den sie aber immer noch gebunden blieb. Das hinderte sie unbewusst daran, ihr Leben so zu gestalten, wie sie es sich wünschte. Ihre Selbstunsicherheit veränderte sich erst, nachdem sie sich von ihm löste und sich selbst erkannte: wer *sie* war, was *sie* brauchte, was *sie* wollte. Sie entdeckte neue Interessen und Qualitäten an sich und begann, ihre Stärken zu spüren und zu nutzen. Ihre Identität fand sie nun mehr in sich als in dem Namen ihres Vaters. Isolde wurde zwar nie ihr Traumvorname, aber sie konnte ihn besser akzeptieren und musste sich seinetwegen nicht minderwertig fühlen, geschweige denn ihre Weiblichkeit entwerten. Auch eine Isolde kann eine wunderbare und liebenswerte Frau sein, wie sie an anderen Frauen desselben Namens entdeckte.

Dieses Beispiel soll zeigen, wie unser implizites Selbstwertgefühl unser Leben unbewusst beeinflusst. Je besser wir es erkennen, umso eher können wir Hindernisse in uns abbauen.

» Sollten Sie Interesse haben, Ihren unbewussten Selbstwert etwas näher kennenzulernen, dann beantworten Sie folgende weitere Fragen:

» Reaktion auf Lob: Können Sie es annehmen oder mobilisiert Lob unbewusste Selbstentwertungen?

» Wie reagieren Sie auf positive Rückmeldungen über das, was andere an Ihnen mögen und wertschätzen. Wie reagieren Sie?

» Eine bewährte Übung dazu ist, sich mit einem oder mehreren Personen zusammenzusetzen, die einem nur Nettes sagen und das, was ihnen an einem gefällt. Man selbst darf nichts kommentieren, nichts richtigstellen oder abschwächen. Es ist nicht leicht, diese Übung auszuhalten, wenn genau in diesem Moment die negativen impliziten Einstellungen auftauchen, die uns im Alltag oft nicht auffallen.

» Sie schauen beim Vorbeigehen ins Schaufenster: Wie finden Sie sich?

» Wie reagieren Sie auf Fotos / Videos von sich?

- » Mögen Sie Ihre Stimme, wenn Sie eine Aufnahme von sich hören?
- » Wie reagieren Sie ganz spontan auf eine Herausforderung?
- » Wie schätzen Sie spontan Ihre Kompetenz im Beruf ein?
- » Ihre spontane Meinung auf die Frage: Sind Sie eine wirklich gute Mutter / ein wirklich guter Vater / ein wirklich gutes Kind?
- » Mögen Sie Ihre Handschrift?
- » Wie positiv oder negativ schätzen Sie Ihren Gang, Ihre Haltung und Ihr Körpergefühl ein?

Vielleicht fallen Ihnen noch weitere Beispiele ein, um Ihren impliziten Selbstwert aufzudecken. Sollten Sie Diskrepanzen zu Ihrem expliziten Selbstwertgefühl gefunden haben, hilft es Ihnen, Selbstwertschwächen oder -stärken aufzudecken und im besten Fall zu verändern oder bewusst zu nutzen.

Registrieren Sie, welchen Abwertungen Sie bei den obigen Fragen begegnet sind. Und welche Quellen des Selbstwertgefühls Sie vielleicht neu entdeckt haben.

Es gibt viele »Selbstwerte«

Wie Sie bereits gesehen haben, gibt es nicht nur das eine Selbstwertgefühl, sondern viele. Das bewusste Selbstwertgefühl kann mit Hilfe psychologischer Tests[6] gemessen werden. Dabei fand man sechs Selbstwert-Kategorien:

1. Emotionaler Selbstwert:
Mag ich mich oder lehne ich mich ab?
2. Sicherheit im Kontakt:
Wie sicher fühle ich mich mit anderen Menschen?
3. Umgang mit Kritik:
Kann ich mit Kritik konstruktiv umgehen oder befürchte
ich, dadurch zerstört zu werden?
4. Leistungsbezogener Selbstwert:
Wie hoch schätze ich meine Fähigkeiten und
Kompetenzen ein?
5. Attraktivität:
Gefalle ich mir oder lehne ich mein Aussehen ab?
6. Sportlichkeit:
Bin ich sportlich und traue mir und meinem Körper
etwas zu?

Entgegen der landläufigen Meinung basiert das Selbstwertgefühl nicht nur darauf, ob wir uns mögen und akzeptieren, sondern ebenso wie wir mit sozialen Kontakten umgehen und
uns körperlich einschätzen.

Das ist deshalb interessant, weil wir in unterschiedlichen
Bereichen unterschiedlich hohe Werte besitzen können. Jemand kann sich beispielsweise mögen (hoher Wert bei 1), sich
aber unsicher im Kontakt fühlen (niedriger Wert bei 2), kompetent sein (hoher Wert bei 4), aber wenig sportlich (geringer
Wert bei 6), attraktiv (hoher Wert bei 5), aber unfähig, auf
Kritik zu reagieren (geringer Wert bei 3).

Mit Hilfe von Tests kann man einen Gesamtwert erfassen.
Mir scheint jedoch für den Alltag die Ausprägung in jeder
einzelnen Kategorie sinnvoller. Dadurch lassen sich spezielle
Selbstwertdefizite erkennen und leichter ausgleichen.

Der Selbstwert hat
6 Dimensionen

» Das allgemeine Selbstwertgefühl besteht aus:
  » Dem emotionalen Selbstwert,
  » der Sicherheit im Kontakt,
  » dem Umgang mit Kritik,
  » dem leistungsbezogenen Selbstwert.

» Der körperbezogene Selbstwert besteht aus:
  » Dem Selbstwert für physische Attraktivität und
  » dem Selbstwert für Sportlichkeit.

Der allgemeine Selbstwert

Versuchen Sie sich bitte beim Lesen selbst einzuschätzen, wie hoch Ihr Selbstwert in den einzelnen Dimensionen ausfällt. Tragen Sie am Ende jedes Abschnitts auf der Skala von 0–10 Ihren Schätzwert ein. Wenig Selbstwert hieße 0–3, ein mittlerer 4–7 und ein hoher 8–10. Das ist zwar kein wissenschaftlicher Test, aber Sie erhalten eine ungefähre Einschätzung.

In den meisten Fällen ist eine eindeutige Bewertung schwer, da wir je nach Situation unterschiedlich reagieren. Wenn Sie sich beispielsweise einmal sehr sicher im Kontakt fühlen, ein anderes Mal sehr unsicher, dann nehmen Sie einfach den Mittelwert zwischen 1 und 10, also 5. Oder besser noch, sie schlüsseln die Frage auf nach der Situation, in der Sie sich sicher im Kontakt fühlen und der, in der Sie sich unsicher fühlen. Dann erkennen Sie womöglich, was vorhanden sein muss, damit Sie sich sicher fühlen und welche Faktoren zu Ihrer Unsicherheit beitragen.

Sollten Ihnen Schätzwerte für Ihr Selbstwertgefühl nicht ausreichen, dann empfehle ich Ihnen oben genannten wissenschaftlichen MSWS-Test und die Online-Studie »Selbstwert« von Prof. Schröder-Abé.[7]

Emotionaler Selbstwert

Ein hoher emotionaler Selbstwert bedeutet so viel wie hohe Selbstakzeptanz und Selbstzufriedenheit und ist verbunden mit positiven Einstellungen und Gefühlen für die eigene Person. Es ist unser guter Ruf bei uns, unser stabiles Selbstwertgefühl, das mit Selbstachtung und Selbstvertrauen verbunden ist. Sind Sie es sich wert, für sich einzustehen, sich sorgsam um sich zu kümmern, auf Ihre Wünsche zu hören, sie mitzuteilen und sich auszuruhen, statt sich permanent anzutreiben?

Oder sind Sie einem Dauerbeschuss von kritischen und entwertenden Aussagen ausgesetzt, der Ihnen vermittelt, nie gut genug zu sein? Dann haben Sie mit großer Wahrscheinlichkeit niedrige Werte auf dieser Skala. Sie führen zu Unzufriedenheit mit sich selbst, zu Selbstzweifeln und einem negativen Selbstwert.

Doch auch wenn der emotionale Ruf bei Ihnen nicht gut ist, können Sie sich sehr wohl in anderen Bereichen selbstbewusst fühlen, wie Sie im Folgenden hoffentlich feststellen werden.

》 Mein Schätzwert für meinen emotionalen Selbstwert

1   2   3   4   5   6   7   8   9   10

Sozialer Selbstwert – Sicherheit im Kontakt

Wie selbstbewusst treten Sie in Beziehungen auf, haben Sie Angst, einen Raum mit vielen Menschen zu betreten, können Sie vor anderen relativ angstfrei sprechen, trauen Sie sich, sich zu zeigen oder verstecken Sie sich lieber verschämt und teilen nichts von sich mit, weil Ihre Meinung eh nichts zählt? Wenn die Hemmungen im Kontakt überwiegen, wird ein Mensch soziale Kontakte vermeiden. Durch die Vermeidung aber steigt die Angst vor dem nächsten Kontakt und es entsteht ein Teufelskreis, der in einer Angst vor der Angst endet. In einem solchen Fall sollten Sie sich psychotherapeutische

Hilfe holen. Das Einüben sozialer Fähigkeiten und die Erfahrung guter, nährender Beziehungen tragen zum Abbau von Schüchternheit und Gehemmtheit bei und erhöhen das soziale Selbstwertgefühl.

» Mein Schätzwert für meine Selbstsicherheit im Kontakt

Sozialer Selbstwert – Umgang mit Kritik

Die Art, wie wir auf Kritik reagieren, zeigt, wie stabil unser Selbstwert ist. Menschen, die Kritik nicht vertragen, reagieren entweder mit großen Selbstzweifeln und Selbstabwertung oder mit Überheblichkeit. Denn eine Kritik kann ein schwaches Selbstwertgefühl massiv angreifen. Insbesondere dann, wenn die positive Selbsteinschätzung hauptsächlich von der anerkennenden Rückmeldung anderer abhängt. Das geschieht meist dann, wenn jemand kein eigenes inneres Maß für seinen Selbstwert besitzt und daher auf die positive Rückmeldung von außen angewiesen ist. In diesem Fall bedroht die Vorstellung, andere hätten eine negative Meinung von einem, das eigene Selbstwertgefühl.

Bei einem stabilen Selbstwert kann eine Kritik zwar auch schmerzlich sein, denn wir wollen ja alle gerne gelobt werden. Doch kann in diesem Fall eine Kritik leichter in einem positiven Sinne als konstruktive Rückmeldung interpretiert werden, aus der wir etwas lernen können. Wir erfahren möglicherweise etwas über uns, das wir bisher nicht wahrgenommen haben oder auch nicht sehen wollten. Diese Information können wir zum Anlass für Veränderungen nehmen, denn nun wissen wir, was wir verbessern könnten. In diesem Fall wirkt Kritik nicht als Zerstörung unseres Selbstwertgefühls, sondern wird zu einer Informationsquelle. Sollte die Kritik in unseren Augen unangemessen sein, haben wir die Kraft, sie zurückzuweisen und als Ausdruck dessen zu nehmen, der uns kritisiert. Denn Kritik sagt oft mehr über den Kritiker aus als über uns.

Der Umgang mit Kritik zeigt auch, ob wir Konflikte austragen können oder nur um der Harmonie willen zu allem Ja und Amen sagen. Mit einem guten Selbstwertgefühl können wir Auseinandersetzungen riskieren, indem wir unsere Position vertreten, dem anderen widersprechen, für uns eintreten und uns nicht »die Butter vom Brot nehmen« lassen. Durch unsere Standfestigkeit fallen wir nicht so leicht um und lassen uns nicht von unserem Weg abbringen.

» Mein Schätzwert für meinen selbstbewussten Umgang mit Kritik

| 1 | 2 | 3 | 4 | 5 | 6 | 7 | 8 | 9 | 10 |

Leistungsbezogener Selbstwert

Der leistungsbezogene Selbstwert bezieht sich auf die Überzeugung, fähig und kompetent zu sein und das auch anzuerkennen. Die Leistungsfähigkeit ist nicht nur auf berufliche Felder beschränkt, sondern bezieht sich auf alles, was wir tun. Das können handwerkliche Aufgaben sein wie Reparaturen,

Sägen, Stricken, Malen, Blumen pflanzen und dergleichen. Aber auch kreative und intellektuelle Leistungen aller Art. Zu einer angemessenen Einschätzung gehört aber nicht nur die Wahrnehmung unserer Kompetenzen, sondern auch das Wahrnehmen und vor allem das Respektieren unserer Grenzen. Wenn wir nämlich von uns fordern, alles können zu müssen, überfordern wir uns oder aber wir werden zu Überfliegern. Denkbar ist auch, dass wir uns total abwerten. Zu einem guten leistungsbezogenen Selbstwert gehört daher auch die Erlaubnis, sich Zeit zum Lernen zu nehmen und Fehler machen zu dürfen, statt alles gleich perfekt können zu müssen.

» Mein Schätzwert für meine Leistungsfähigkeit

Ein hohes allgemeines
Selbstwertgefühl

» resultiert aus einer positiven Einstellung zu sich selbst, der Sicherheit im Kontakt, einem konstruktiven Umgang mit Kritik und dem Wissen um die eigene Leistungsfähigkeit. Ein selbstwertstarker Mensch wird:

» sich selbst achten und wertschätzen,

» sich wohl und zufrieden fühlen, vielleicht auch Dankbarkeit und Freude spüren,

» mit anderen Menschen offen und frei umgehen können,

» sich nicht aufgrund von Hemmungen und Ängsten verstecken müssen,

» sich trauen, seine Meinung zu sagen und auch Widerspruch zu wagen,

» Kritik nicht mit dem Zusammenbruch des Selbstwertgefühls beantworten, sondern sie als Rückmeldung betrachten und daraus lernen,

» sich auf seine Fähigkeiten und Kompetenzen verlassen und um die eigene Leistungsfähigkeit wissen,

» mit auftretenden Selbstzweifeln und Selbstkritik so umgehen, dass sie nicht zerstörerisch wirken.

Der körperbezogene Selbstwert

Körperliche Attraktivität

Finden Sie sich attraktiv, so wie Sie sind? Mögen Sie Ihren Körper oder vermeiden Sie es, sich im Spiegel anzuschauen? Meinen Sie immer, weniger wiegen oder anders aussehen zu müssen, um schön zu sein und sich akzeptieren zu können? Haben Sie permanent etwas an Ihrem Äußeren auszusetzen?

Die Zufriedenheit mit dem eigenen Körper hängt auch mit gesellschaftlichen Schönheitsvorstellungen und Normen zusammen. Aus psychologischen Studien wissen wir heute, dass die Ideale der Mode-Magazine und des Fernsehens sehr häufig zu Unzufriedenheit mit dem eigenen Aussehen und zur Ausbildung von Essstörungen führen. Die Konfrontation mit Bildern dünner bis magerer Personen als Modell, wie »man« auszusehen hat, beeinflusst die Wahrnehmung der eigenen Körpermaße. Barbie gilt auch nach 55 Jahren heute noch vielen Frauen als Vorbild, wobei sie den menschlichen Proportionen widerspricht. Eine neue australische Studie[8] belegt darüber hinaus den Zusammenhang zwischen Unzufriedenheit mit dem Aussehen und dem Internetkonsum. Die Überzeugung, im Vergleich zu den anderen zu dick oder nicht »richtig« zu sein, schwächt das Selbstwertgefühl. Der kritische Umgang mit und das Infragestellen von verzerrten gesellschaftlichen Bildern trägt zur Stärkung des Selbstwertes bei.

Sicherlich ist kein Mensch ideal, jeder hat seine körperlichen Schwachstellen, die er nicht schön findet, doch darunter muss der Selbstwert nicht leiden, solange wir sie annehmen oder zumindest akzeptieren. Essgestörte Frauen leiden beispielsweise unter ihrem Bauch. Sie finden ihn schrecklich, lehnen ihn kategorisch ab und richten oft alle Aggression gegen ihn. Der Grund dafür ist die Ablehnung des Frauseins, die ihrerseits Wurzeln in einer ungelösten Beziehung zur Mutter, zu Schwangerschaft und Sexualität haben kann. Das Hungern, Erbrechen und der Sport sollen den Bauch glatt wie ein Brett werden lassen. Doch damit verbessern sich weder das Selbstwertgefühl noch die Beziehung zum Körper. Magersüchtige sind sich nie dünn genug, Bulimikerinnen haben permanent Angst, der Bauch könne sich durchs Essen wölben.

Aber nicht nur essgestörte Frauen lehnen ihren Körper oder Teile von ihm ab und betrachten ihn mit Abscheu. Für viele Menschen ist der Körper der Kriegsschauplatz emotionaler Probleme. Doch statt den Körper zu bekämpfen, in der Hoffnung, so zu einer Lösung zu kommen, ist es notwendig, das seelische Problemthema zu erkennen und zu bearbeiten. In der Folge müssen die damit verbundenen Gefühle nicht mehr gegen den Körper oder einzelne Körperteile gerichtet werden. Und es gelingt den Körper so anzunehmen, wie er heute ist. Wir haben keinen anderen Körper und wir bekommen kein Selbstbewusstsein, wenn wir den Körper aussperren. Es gibt kein seelisches Selbstbewusstsein ohne Körperbewusstsein.

Selbstwertstarke Menschen erkennen wir auch an ihrer Haltung. Wenn sie nicht durch Krankheit daran gehindert sind, gehen sie aufrecht, den Kopf erhoben und die Muskeln in guter Spannung. Sie lassen sich nicht gehen und demonstrieren nach außen ihre Kraft und ihr In-sich-Sein.

》 Mein Schätzwert für meine Attraktivität

| 1 | 2 | 3 | 4 | 5 | 6 | 7 | 8 | 9 | 10 |

» Stellen Sie sich bitte vor den Spiegel und probieren Sie
mehrere Haltungen aus:

» Ich habe Angst

» Ich schäme mich

» Ich will mich verkriechen

» Ich habe gewonnen

» Ich bin groß und stark

» Ich bin schön

» Nehmen Sie wahr, wie sich die unterschiedlichen Körper-
haltungen auf Ihre Atmung, Ihre Ausstrahlung und Ihr Gefühl auswirken.
Beenden Sie die Übung mit einer aufrechten Haltung und
spüren Sie Ihre Füße, auf denen Sie stehen, verankern Sie
sich im Boden, um einen sicheren Halt zu bekommen und
sagen Sie sich einen unterstützenden Satz wie: »Ich bin
klasse«; »Ich schaffe es«; »Ich bin gut, so wie ich bin«; »Ich
bin da!«; »Ich bin schön«. Begleiten Sie jeden Satz mit einer
körperlichen Geste (z.B. den hochgestreckten Arm wie ein
jubelnder Sportler nach dem Sieg).

Sportlichkeit

Das gesellschaftliche Schönheitsideal fordert neben Schlankheit auch Fitness, Sportlichkeit und körperliche Gesundheit. Wer könnte dagegen etwas haben, würde dieser Trend nicht teilweise übertriebene Ausmaße annehmen. Nach dem Motto: Wer nicht gesund lebt und sich mit Sport fit hält, gehört nicht dazu. Auf diese Weise werden Sportlichkeit und körperliche Fitness für viele zum Hauptbezugspunkt für Ihre Selbsteinschätzung: Nur wer schlank und durchtrainiert ist, ist wertvoll.

Ich erinnere mich an eine Klientin, die unter einer Bulimie (Ess-Brechsucht) litt. Sie war sehr schlank, gut proportioniert, sah attraktiv aus und hielt ihr Gewicht und ihre schlanke Figur durch übermäßig viel Sport. Als ihr bewusst wurde, dass die Genesung der Bulimie auch mit einem normalen Essen und einem geringeren Quantum Sport zu tun hat, beendete sie die Therapie. Denn sie befürchtete, dadurch zuzunehmen, was ihrem Wertesystem zuwiderlief. Sie hatte nämlich nur den schlanken, makellosen Körper, ohne den sie sich wertlos fühlte. Sonst hatte sie nichts, das ihr an sich gefiel und woraus sie ein Selbstwertgefühl hätte ziehen können.

Hier also war der Sport nur das Mittel zum Zweck, das geschwächte Selbstwertgefühl durch eine schlanke Figur zu stützen. Sie hatte hohe Werte auf der Skala Sportlichkeit, aber geringe für den allgemeinen Selbstwert.

Eine sportliche Betätigung kann aber auch der einzige Weg sein, um sich sicher und wohl zu fühlen. Statt Unsicherheit und Sich-beobachtet-Fühlen spürte Regina beim Badminton-Spiel Kompetenz und Kraft im Körper. Ihre Bewegungen wurden leicht und flüssig, wo sie sich sonst hölzern und unbeweglich fühlte. Und ihre Hände und Füße, die sonst immer kalt waren, wurden warm. Diese Stimmigkeit in ihr und mit ihrem Körper hielt außerhalb des Spiels nur wenige Tage an. Sie konnte im Alltag nicht auf das positive Gefühl zurückgreifen, da das Leben für sie leider kein Badminton-Spiel war.

Im positiven Fall sind hohe Werte auf der Skala Sportlichkeit verknüpft mit Vertrauen in die eigene körperliche Leistungs- und Koordinationsfähigkeit und damit Quelle eines stabilen Selbstwertgefühls. Fragen Sie sich daher: Trau ich mir körperliche Belastung zu, spüre ich die Freude an Bewegung, kann ich mich gut bewegen und die Balance halten? Tanze ich gerne, spüre ich meine körperlichen Grenzen und respektiere sie?

» Mein Schätzwert für Sportlichkeit

Kein seelisches Selbstbewusstsein ohne Körperbewusstsein

» Das körperbezogene Selbstwertgefühl beruht
auf zwei Säulen:
  » der Einschätzung unserer Attraktivität und
  » der Einschätzung unserer Sportlichkeit.

» Die Einschätzung unseres körperbezogenen Selbstwertes
hängt von mehreren Faktoren ab:
  » Bewertung von Körperlichkeit,
  » Akzeptanz von Problemzonen,
  » eigenes Schönheitsideal,
  » gesellschaftliche Schönheitsnormen,
  » Projektion seelischer Probleme auf den Körper,
  » Beweglichkeit,
  » Koordinationsfähigkeit,
  » Vertrauen in die eigene Körperlichkeit.

Selbstachtung

Nach Branden sind die zwei wesentlichen Elemente des Selbstwertgefühls die Selbstachtung und die Selbstwirksamkeit. Sie bilden die Grundlage eines stabilen Selbstwertgefühls.

Selbstachtung bedeutet Würde und persönlicher Wert, ein Recht auf Leben und Glück, und die Überzeugung, dass wir unsere Gedanken, Wünsche und Bedürfnisse geltend machen dürfen. Durch Selbstachtung entwickeln wir eine bejahende Haltung zu uns.

In Selbstachtung steckt das Wort Achtung, Achtsamkeit. Das bedeutet so viel wie auf sich schauen, für sich Sorge tragen, umsichtig mit sich umgehen, sich Gutes tun. Achtsamkeit üben ist daher auch ein probates Mittel, das Selbstwertgefühl zu stärken.

Selbstachtung kann sich nicht bei den Menschen entwickeln, die durch Sei-nicht-Botschaften nachhaltig belastet sind, weil sie dadurch an ihrer Lebensexistenz zweifeln, sich nicht berechtigt fühlen, da zu sein und selbstschädigend mit sich umgehen. Eine Sei-nicht-Botschaft kann entstehen, wenn das Kind überzeugt ist, es hätte besser nicht da sein sollen, weil die Mutter oder die Eltern dann glücklicher, nicht krank oder sogar noch am Leben wären.

»Du bringst mich noch ins Grab.« – »Du bist Schuld, dass die Mutter gestorben ist. Wärst du nicht auf die Welt gekommen …« – »Deinetwegen musste ich heiraten, sonst hätte ich studieren können.« Durch solche und ähnliche Botschaften erlebt sich das Kind als störend. Fehlen dann auch noch stabile Bindungen in der Familie, kann es zu einer nachhaltigen Schädigung der Selbsteinschätzung kommen. Eine subtilere Art, das Kind spüren zu lassen, dass es nicht willkommen ist, ist es körperlich und seelisch zu vernachlässigen, es zu wenig oder zu viel zu füttern, ihm keine Entwicklungsanreize zu geben, sich nicht für sein Wohlergehen zu interessieren und es emotional zu verlassen. Erfährt das Kind keine Achtung von außen, kann es auch keine Selbstachtung entwickeln.

Selbstachtung geht über Selbstannahme hinaus, denn sie ist auch die Basis für die Achtung anderer. Je stabiler unser Selbstwertgefühl ist, umso mehr können wir andere mit Respekt, Wohlwollen, gutem Willen und Fairness behandeln, da wir sie nicht als Bedrohung empfinden. Haben wir aber Angst und fühlen wir uns wertlos, werden wir anderen mit Misstrauen begegnen, was wiederum Aggression, Entwertung und Kränkung hervorruft.

Wir sehen also, dass ein gesundes Selbstwertgefühl viel mehr ist, als ein gutes Lebensgefühl. Es ist die Basis für unser Leben. Fehlt es, behindert es die Funktionstüchtigkeit des Menschen. Dennoch ist ein gut entwickeltes Selbstwertgefühl weder ein Allheilmittel noch ein Patentrezept. Das Selbstwertgefühl ist keine Garantie für Erfüllung, aber eine notwendige Voraussetzung für unser Wohlbefinden.[9]

Selbstwirksamkeit

Selbstwirksamkeit ist nach Branden die zweite Säule unseres Selbstwertgefühls. Wir besitzen Selbstwirksamkeit, wenn wir der Überzeugung sind, dass wir in einer bestimmten Situation eine angemessene Leistung erbringen können. Selbstwirksamkeit ist ein grundlegendes Gefühl von Stärke und Kompetenz und das Vertrauen in die eigenen Fähigkeiten. Es lohnt sich zu denken, zu verstehen, zu lernen und Entscheidungen zu treffen. Das befähigt uns, mit den Herausforderungen des Lebens fertig zu werden. Selbstwirksamkeit zu besitzen bedeutet einen hohen leistungsbezogenen Selbstwert.

Selbstwirksam sein heißt, aufgrund bisheriger Erfahrungen auf seine Fähigkeiten zu vertrauen und davon auszugehen, ein bestimmtes Ziel auch durch Überwindung von Hindernissen erreichen zu können. Kurz: Man glaubt an die grundsätzliche Machbarkeit einer Sache und daran, dass man sie selbst ins Werk setzen und vollenden kann. Dass man Einfluss auf die Dinge und die Welt hat und selbstständig handeln kann.

Wer an seine Kompetenz glaubt, hat eine größere Ausdauer bei der Bewältigung von Aufgaben, eine niedrigere Anfälligkeit für Angststörungen und Depressionen und mehr Erfolge in der Ausbildung und im Berufsleben. Selbstwirksame Menschen können besser mit Stress umgehen, leisten mehr und sind gesünder als andere. Selbstwirksamkeit programmiert auf Sieg statt auf Scheitern und stärkt unseren Selbstwert.

Vor Jahren hatte ich eine Klientin, die sehr intelligent war, aber keine Selbstwirksamkeit besaß. Sie wuchs in einem Wechselbad von unangemessener Auf- und Entwertung auf. Einerseits wurde sie zur klügsten unter den Kindern auserkoren, die alles besser konnte, der man aber auch sehr früh viel abverlangte. Teilweise überstieg es die geistige Kapazität des Kindes, wenn sie beispielsweise mit dem Vater über philosophische Texte diskutieren sollte. War sie damit überfordert, wurde sie als blöd und ungebildet beschimpft. Auf der anderen Seite schmückten sich die Eltern mit ihren tollen Noten und sahen sie schon als Nobelpreisträgerin. Dennoch litt sie unter massiven Prüfungsängsten, da sie ihre wahre Leistungsfähigkeit und Kompetenz nie richtig einschätzen konnte. Auch gelang es ihr nicht, auf frühere Erfolge zurückzugreifen, was ihre Prüfungs- und Leistungsängste hätte mindern können. Ihr fehlten darüber hinaus Bezugspersonen, die Selbstsicherheit ausstrahlten, an denen sie sich orientieren könnte. Ihre Mutter war sehr selbstunsicher und ihr Vater schwankte zwischen Größenvorstellungen und Selbstabwertungen. Er ging mit sich genauso um wie mit seiner Tochter. Beide orientierten sich an einem perfekten Leistungsideal, das unerreichbar war und dadurch automatisch das Gefühl des Ungenügend-Seins beinhaltete.

Es gibt viele Menschen, die in ihrer Selbstwirksamkeitsentwicklung gestört wurden. Sie leiden wie diese Klientin unter Überforderung, weil sie etwas können müssen, das sie noch nicht wissen oder keine Möglichkeit und Unterstützung bekommen, es zu lernen. Andere trauen sich nicht, sich für etwas zu entscheiden, weil sie Angst haben, das falsche zu tun oder sich nicht erlauben, das zu wählen, was sie wirklich wollen. Viele scheitern aber auch durch Unterforderung, da sie zu wenig Anreize und Herausforderungen erleben, zu viel Fernsehen oder in einer reizlosen Umgebung aufwachsen. Die Folgen sind Unsicherheit, Angst und mangelndes Vertrauen in sich selbst, gepaart mit einem Gefühl der Inkompetenz, unabhängig von den realen Fähigkeiten.

Auch Perfektionismus kann eine Folge von ungenügenden Kompetenzerfahrungen sein. »Ich muss perfekt sein«, fordern Menschen von sich, die Angst haben zu versagen. Durch perfektes Verhalten kompensieren sie ihre Versagensangst und ihr Inkompetenzgefühl. Doch auf diese Weise verlangen sie wieder etwas von sich, das gar nicht erfüllbar ist und untergraben ihre wirkliche Kompetenz mit denselben Mitteln, mit denen sie gestärkt werden soll.

»Es entsteht zwangsläufig eine Spirale von Versagen und immer höheren Ansprüchen an die eigene Leistung, eine realistische Zielsetzung ist nicht mehr möglich. Tatsächliche Anerkennung wird nicht wahrgenommen, da die Wertschätzung für die eigene Person fehlt. Auf diese Weise wiederholt sich innerlich die frühe Ablehnung und Entwertung durch die primären Bezugspersonen.«[10]

Erfolg und Misserfolg

Was ist Erfolg, was ist Misserfolg? Wir glauben das eindeutig zu wissen. Doch so einfach ist die Sache nicht. Denn je nachdem, welche Ursachen wir für das Gelingen oder Misslingen annehmen, werden wir unsere Leistung unterschiedlich bewerten.

Was sagen Sie, wenn Sie eine Prüfung bestanden haben?

» »Ich habe viel gelernt und kann was, deshalb habe ich die Prüfung gut bestanden«. Oder:

» »Ich habe Glück gehabt, dass die Aufgaben so leicht waren.«

Je höher unsere Selbstwirksamkeit ist, umso mehr werden wir unsere Erfolge auf unsere Kompetenzen oder unsere Anstrengung zurückführen und umgekehrt.

Wird die Ursache des Erfolgs der eigenen Fähigkeit und Begabung zugeschrieben, ist das Ergebnis Stolz und Freude. Wird es äußeren Faktoren zugeschrieben, ist die selbstwertstärkende Wirkung gering oder bleibt völlig aus.

Genau entgegengesetzt sieht es bei der Erklärung von Miss-
erfolgen aus. Menschen mit geringer Selbstwirksamkeit
schreiben sie ihrer fehlenden Begabung zu, selbstwertstarke
Menschen führen sie auf Pech oder zu geringe Anstrengung
zurück. Das ist weniger selbstwertschwächend als die Annahme, es läge allein an der eigenen Dummheit. Zudem unter-
liegt diese Interpretation mehr der eigenen Kontrolle und
kann zu meinen Gunsten beeinflusst werden. Am Pech und der
fehlenden Begabung kann ich zwar nichts ändern, an der Anstrengung jedoch schon.

Die Ursachenzuschreibungen, auch Attribuierungsmuster
genannt, variieren nicht nur zwischen Menschen, sondern
auch zwischen den Geschlechtern. So schreiben Jungs und
Männer ihre Erfolge eher ihrer Anstrengung oder ihrem Wissen zu, Mädchen und Frauen eher den äußeren Umständen
wie z.B. leichten Aufgaben. Dass beide Muster zu unterschiedlichen Selbstwerteinschätzungen führen, liegt auf der Hand.

Da selbstwertschwache Menschen dazu neigen, ihre Miss-

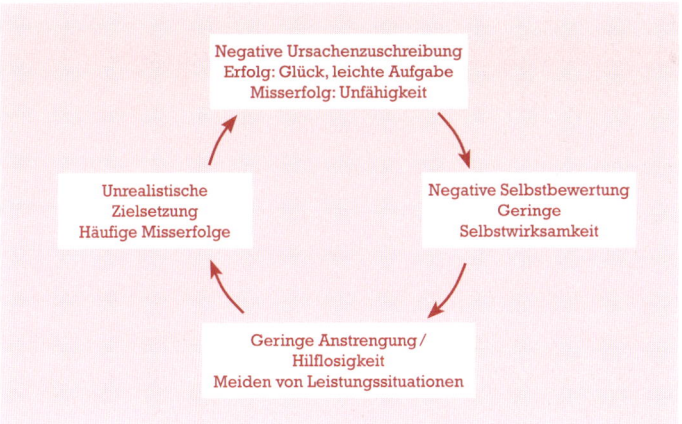

erfolge sich selbst zuzuschreiben, ihren Erfolg aber den äußeren Umständen, wird ihre Überzeugung, inkompetent zu sein
verstärkt und baut zusätzliche Zukunftsängste auf, es das
nächste Mal wieder nicht zu schaffen.

Das kann zu dem oben dargestellten Teufelskreis führen.

Ursachenzuschreibungen für Erfolg und Misserfolg orientieren sich nicht an den objektiven Gegebenheiten, sondern
basieren auf der individuellen Einschätzung der eigenen Kompetenz. Und das unabhängig von der wahren Leistungsfähigkeit.

Auch können reale Erfolge die negative Überzeugung
kaum verändern. Denn je stabiler eine Misserfolgsüberzeu-
gung ist, umso weniger werden Erfolge als solche registriert
und als eigene Leistung gewertet. Einen selbstwertstärkenden
Effekt haben Erfolge nur dann, wenn sie der eigenen Anstrengung und dem eigenen Können zugeordnet werden. Dann
können positive Ergebnisse den Selbstwert stärken und die
Erfolgsüberzeugung festigen.

Ursachenzuschreibungen für
Erfolg und Misserfolg

» Erfolgsmotiviertes Muster
  » Erfolg wird persönlichen Faktoren wie Fähigkeit
    oder Anstrengung zugeschrieben,
  » Misserfolg beruht auf variablen Faktoren wie
    mangelnder Anstrengung oder Pech.

» Misserfolgsmotiviertes Muster
  » Erfolg wird äußeren Umständen wie Glück
    und leichten Aufgaben zugeschrieben,
  » Misserfolg beruht auf persönlichen Faktoren
    wie mangelnder Fähigkeit.

Mehr Schein als Sein

Ein schwaches Selbstwertgefühl wird mitunter so maskiert, dass es wie bombenfeste Selbstsicherheit aussieht. Kennen Sie das auch, dass Sie vor lauter Selbstunsicherheit ganz besonders forsch auftreten, innerlich aber zittern? So wie Kinder in der Dunkelheit das Singen anfangen, wenn sie besonders viel Angst haben. Das ist in vielen Situationen sehr angebracht und hilfreich, wenn es jedoch zum Lebensthema wird, ist es sowohl für die Betroffenen als auch für deren Umgebung anstrengend. Denn es bedeutet, sich permanent in Szene zu setzen, immer groß und stark sein zu müssen, um das Selbstwertgefühl vor dem Zusammenbruch zu bewahren. Das ist das, was man unter Narzissmus versteht: das permanente Ringen um die Aufrechterhaltung des Selbstwertgefühls. Schwächen können sich diese Menschen nicht leisten, weiche Gefühle ebenso wenig. Sie machen sich und ihrer Umwelt etwas vor und zeigen sich als jemand, der sie im Grunde gar nicht sind. Sie zimmern sich eine perfekte Maske, hinter der sie sich verbergen. Das bedeutet, dass sie zwar einen hohen expliziten, aber einen niedrigen impliziten Selbstwert aufweisen.

Dabei werden in der Literatur zwei narzisstische Typen unterschieden: der grandiose und der minderwertig-depressive. Beide Formen entsprechen im Wesentlichen dem männlichen und weiblichen Narzissmus, wie ich ihn in meinem Buch »Weiblicher Narzissmus« beschrieben habe. Der grandiose Narzisst ist charakterisiert durch Dominanzstreben, Misstrauen, Arroganz, Aggressivität, Egozentrismus und Überheblichkeit. Er macht sich zum »Sender«, von dem alle Information ausgeht, hört aber schlecht zu und nimmt kaum auf, was andere sagen. Er fühlt sich groß und unangreifbar.

Den depressiven Narzissten zeichnet dagegen eine hohe »Empfängerqualität« aus. Das bedeutet, dass er sorgfältig zuhört, um Anzeichen von Kritik und Ablehnung sofort zu registrieren und adäquat darauf zu reagieren. Er ist höchst sensibel gegenüber den Reaktionen anderer und vermeidet es, im Zentrum zu stehen. Ihn prägen Empfindlichkeit, Gehemmtheit, Depressivität, Scham und Gefühle von Demütigung. Er fühlt sich minderwertig und wertlos.

Beide besitzen ein schwaches Selbstwertgefühl, doch nehmen sie es unterschiedlich wahr und gehen auch unterschiedlich damit um.

Während der grandiose Narzisst seine Minderwertigkeitsgefühle völlig ausblendet und sich nur mit seinen Größenvorstellungen identifiziert, ist der minderwertig-depressive mehr mit seinen Insuffizienzgefühlen verbunden. Seine Versuche, sich überlegen zu fühlen, sind in der Regel subtiler: Perfektionismus, Attraktivität, unermüdliches Leistungsstreben, Schlankheit und Anpassung, um zu gefallen.

Was beide gleichermaßen ausblenden ist ihr sogenanntes »wahres Selbst«, mit dem sie kaum in Kontakt sind. Es beinhaltet all das, was in der Fassade nicht oder nur ansatzweise vorhanden ist: echte Gefühle, Bedürfnisse, Selbstachtung, Selbstsicherheit, Identität und eine allgemeine Lebensenergie, die auch »Lebensspender« genannt wird.

Oft kommen diese Menschen in Therapie, weil sie sich fragen, wer sie eigentlich sind. Sind sie so groß, wie sie sich in ihrer Überhöhung machen (»Ich bin die Tollste«) oder so klein wie in der Abwertung (»Ich bin ein wertloses Nichts«)? Der Weg zu einem stabilen Selbstwertgefühl geht von der Maske, dem sogenannten falschen Selbst, zum wahren Selbst. Zu dem Teil, der wir über Auf- und Abwertung hinaus auch noch sind und der uns als Person einzig macht. Hier finden wir auch unsere Autonomie, die es uns ermöglicht, unser Leben nach unseren Vorstellungen zu führen.

Das narzisstische Spaltungsmodell:

»Falsches Selbst«
(Fassade)

Minderwertigkeit
Selbstzweifel

Grandiosität
Ideal,
Perfektionismus

Selbstachtung, Selbstsicherheit
Bedürfnisse, Gefühle, Identität,
»Lebensspender«

»Wahres Selbst«

Mehr Schein als Sein

» Ein schwaches Selbstwertgefühl wird oft durch Größenphantasien maskiert.

» Der Grandiosität liegen Minderwertigkeitsgefühle zugrunde, die durch sie ausgeglichen werden.

» In unserer Grandiosität erleben wir uns mächtiger und wertvoller.

Die Bedeutung von Spiegelung und Bindung

Spiegelung und Bindung sind zwei wesentliche Voraussetzungen zur Entwicklung eines positiven Selbstwertgefühls. Fehlt beides in der frühen Kindheit, entsteht ein Defizit. Spiegelung bedeutet: von anderen gesehen, verstanden und ernst genommen werden. Mangelnde Spiegelung des Säuglings oder seine Verwöhnung und Überbehütung gehen am Wesen des Kindes vorbei.[11] Das Kind erlebt sich dadurch gefühlsmäßig allein gelassen, weil es nicht so angenommen und gesehen wird, wie es ist. Dadurch haben selbstwertschwache Menschen nicht nur einen schlechten Zugang zu ihren Gefühlen, sondern auch zu ihrem wahren Selbst. Die Angst, abgelehnt zu werden, ist so groß, dass sie die Anpassung wählen, statt sich authentisch zu fühlen und zu verhalten.

Eine gelungene Spiegelung ist auch die Basis für eine gute Bindung. Aus der Bindungstheorie wissen wir, dass narzisstische Verletzungen vor allem durch eine unsichere Bindung mit den Bezugspersonen entstehen. »Damit sich ein Gefühl der Identität entwickeln kann, bedarf es eines Gegenübers, das durch Liebe und Anerkennung das Selbstgefühl bestätigt oder überhaupt erst konstituiert.«[12] Ein Selbstwert-Defizit entsteht im Wesentlichen durch Nicht-Beachtung der kindlichen Person, Selbstvertrauen entsteht durch Anerkennung und Akzeptanz.

Frühe Beziehungserfahrungen werden im impliziten Gedächtnis, im sogenannten limbischen System, gespeichert und schlagen sich in Form von Wahrnehmungs-, Verhaltens-, emotionalen- und motivationalen Reaktionsbereitschaften nieder. Erfährt ein Kind beispielsweise Unterstützung und Trost durch die Bezugspersonen, werden körpereigene Opiate ausgeschüttet, die zur Beruhigung führen. Dadurch bilden sich gut gebahnte neuronale Muster, um sich später bei Trauer selbst Trost spenden und sich beruhigen zu können. Kinder, die diese positiven Bindungserfahrungen nicht machen, haben ein chronisch erhöhtes Stressniveau und leiden unter stärkeren Lebensgrundängsten. Sie sind viel schwerer zu beruhigen, können später negative Emotionen schlechter regulieren und reagieren aggressiver in Alltagssituationen.[13] Sie leiden unter einem mangelnden Selbstwertgefühl, da sie sich permanent in Frage stellen und nur wenig positive Selbstkonzepte entwickelt haben.

Eine mangelnde Spiegelung zeigt sich beispielsweise daran, wie die Bezugsperson auf die Gefühle des Kindes reagiert. Ein Kind ist beispielsweise traurig, weil sein Spielzeug zerbrochen ist. Eine einfühlende Reaktion, die die Empfindungen des Kindes angemessen spiegelt, könnte darin bestehen, das Kind in den Arm zu nehmen und zu trösten. »Ich kann mir vorstellen, dass dir das weh tut. Lass uns zusammen schauen, ob man es noch reparieren kann.« Nicht einfühlsam dagegen und eine mangelhafte Spiegelung wäre, dem Kind seine Traurigkeit auszureden und es damit zu trösten, dass es ja noch andere Spielsachen hat. Das Kind wird nun nicht wissen, wem es glauben soll, seiner Wahrnehmung, dass ihm der Verlust weh tut, oder der Aussage der Mutter, dass es nicht wehtun kann / darf. Wahre Gefühle, die nicht gespiegelt werden, werden abgespalten, und an ihre Stelle tritt unspontanes, angepasstes Verhalten.

So wie die Umwelt früher die Gefühle und Bedürfnisse des Kindes überging, abwertete oder viel zu schnell wegrationalisierte, wird es der Erwachsene später auch tun. Er wird sie verleugnen und ihnen wenig oder keinen Raum zugestehen. Das führt zu Störungen im Selbsterleben und dient dazu, ein falsches Selbst auszubilden, das den Erwartungen der Umwelt mehr entspricht als der eigenen Persönlichkeit.

Doch nicht nur Gefühle und Bedürfnisse erlernt das Kind über Spiegelung, sondern auch seine Wirksamkeit auf die Umwelt. Erfährt das Kind, dass es sich lohnt, Einfluss zu nehmen, sich anzustrengen und am Ende zum ersehnten Ziel zu gelangen, wird es Selbstwirksamkeit als ein zentrales Element des Selbstwertgefühls entwickeln. Anerkennung und Wertschätzung sind eine besondere Form der sozialen Wirkung, die unseren Selbstwert stärken und uns das Gefühl geben, in Ordnung zu sein.

Wer als Kind nicht gespiegelt wurde, sucht zeitlebens diesen Spiegel in der Bewunderung durch die anderen.

Der Mensch braucht
Spiegelung für

» ein gesundes Selbstwertgefühl,

» eine gute Bindungsfähigkeit,

» hohe Selbstwirksamkeit,

» echte Gefühle und Bedürfnisse,

» Autonomie und Identität.

Was andere von uns nicht sehen

Sicher haben Sie auch schon einmal die Erfahrung gemacht, dass andere Personen Sie anders sehen und erleben als Sie sich selbst. Dass also das Fremdbild der anderen mit Ihrem Selbstbild nicht übereinstimmt. Das kann sehr wehtun, manchmal aber auch vorteilhaft sein. Besonders wenn es um Gefühle von Unsicherheit und Angst geht. Für andere treten Sie selbstsicher auf, Sie selbst zittern innerlich vor Aufregung. Wie gut, dass das niemand merkt! Als wäre die innere Unsicherheit weniger schlimm, wenn sie nicht nach außen dringt.

Schmerzhaft ist es allerdings, wenn Menschen uns abwehrend, zurückhaltend oder sogar arrogant einschätzen, wir uns aber zugewandt erleben. Wenn andere also unsere positiven Seiten nicht wahrnehmen, weil wir sie anscheinend nicht deutlich genug nach außen bringen. Weil wir vielleicht mehr unsere Maske zeigen als uns selbst. Dann bekommen wir andere Antworten als erwartet und diese prägen wiederum unser Selbstbild.

Veronika war eine erfolgreiche Juristin, die einen verantwortungsvollen und gut bezahlten Job hatte. Sie trat sehr dominant auf, was vielen Mitarbeitern Angst machte. Denn ihre spitzen Bemerkungen und forschen Anweisungen verliehen ihr das Image einer Frau, mit der man sich besser nicht anlegt. Dass sie sich oft überfordert und unsicher fühlte, zeigte sie nicht. Bemerkte sie die Zurückhaltung der anderen oder fühlte sie sich sogar kritisiert, schrieb sie das ihrer Unfähigkeit zu und riss sich noch mehr zusammen. Sie kam in Therapie, weil sie unter Schlafstörungen und Minderwertigkeitsgefühlen litt. Sie befürchtete, nicht gut genug zu sein, weshalb sie sich anstrengte, noch besser zu werden, stellte sich permanent in Frage und litt darunter, keine guten, festen Beziehungen zu haben. Dass andere sie fürchteten, konnte sie nicht glauben, denn im Grunde fürchtete sie sich vor den anderen. Durch die Rückmeldungen von mir und den Gruppenteilnehmern bekam sie einen Spiegel vorgehalten, in dem sie sich durch die Augen der anderen sehen konnte. Ihr Selbstbild der unsicheren, inkompetenten Frau konnte auf diese Weise korrigiert werden und gab ihr den Mut, ihre Maske durch authentischeres Verhalten zu ersetzen.

Unser Selbstbild besteht daraus, wie wir uns wahrnehmen und was wir über uns wissen. Welche Konzepte wir über uns im Kopf haben, welche Eigenschaften, Fähigkeiten, Vorlieben, Werte, Ideale und Verhalten wir an uns kennen und uns zuschreiben. Sehen wir uns selbst als eher schüchtern oder selbstbewusst, erkennen wir unsere Fähigkeiten und Gefühlsqualitäten etc.?

Dieses Wissen über uns erwerben wir im Laufe unseres Lebens durch Zuschreibungen von anderen: »Du bist hübsch, klug, zuverlässig etc.« Aber auch durch deren Verhalten uns gegenüber und dem, was wir daraus schließen. Werden wir freundlich und respektvoll behandelt, entwickelt sich daraus die Annahme, wir seien nett und wertvoll. Umgekehrt wird unser Selbstbild negativ ausfallen, wenn andere uns entwerten, anschreien oder ignorieren. Das Selbstkonzept entwickelt sich darüber hinaus durch Vergleiche unserer Fähigkeiten, Einstellungen und Eigenschaften mit denen der anderen. Schneiden wir dabei schlecht ab, wird das unser Selbstbild nachhaltig negativ beeinflussen. Wissen über uns entdecken wir aber auch durch Selbstreflexion, indem wir unser Verhalten, unsere Gefühle und Handlungen beobachten.

Probleme entstehen, wenn Diskrepanzen zwischen dem, wie

wir sind und dem, wie wir gerne sein möchten auftreten. Die Folge sind Scham, depressive Verstimmung und Frustration, weil wir nicht so sind, wie wir uns idealerweise vorstellen. Je größer die Diskrepanz, umso heftiger werden die negativen Gefühle. Das gilt auch für die Abweichung unseres Selbstbildes von Verpflichtungen, die wir glauben, erfüllen zu müssen. Wir fühlen uns schuldig, wenn wir meinen, unsere Kinder nicht genug geliebt zu haben oder nicht freundlich und hilfsbereit genug zu unseren Nachbarn waren. Wir fürchten Ablehnung und Strafe und halten uns für einen schlechten Menschen.

Je mehr wir wissen, wer wir sind, umso authentischer werden wir uns verhalten und von anderen behandelt werden.

Souverän und selbstbewusst

Selbstbild, Selbstbewusstsein und Selbstwertgefühl

Folgendes Modell soll etwas Ordnung in die Begrifflichkeit bringen[14]:

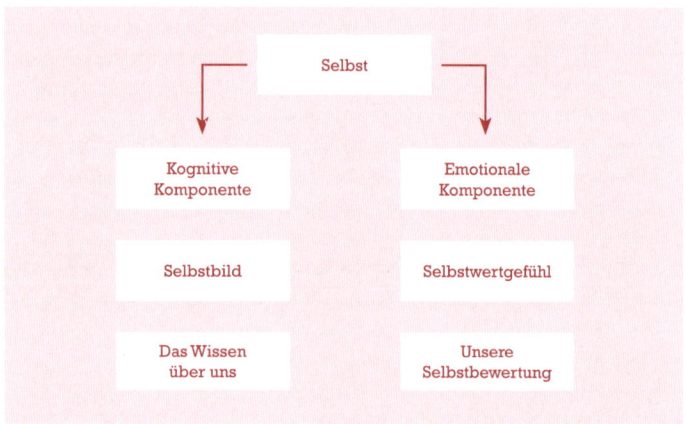

Der Überbegriff ist das Selbst und es besteht aus zwei Hauptaspekten: dem Selbstbild und dem Selbstwertgefühl.

1. Das Selbstbild oder auch Selbstkonzept ist das Wissen um uns und das Bild, das wir von uns haben. Hierzu gehören das Selbstbewusstsein, die Selbstzweifel, das Wissen und Vertrauen in unsere Kompetenz (Selbstwirksamkeit) und die Überzeugung, ein selbstbestimmter Mensch zu sein (Souveränität). Es ist die kognitive Dimension, die mit Denken, Gedanken und Wahrnehmung zu tun hat.

2. Das Selbstwertgefühl ist die subjektive Empfindung des eigenen Wertes bzw. die Bewertung unserer Person. Es ist die affektive, gefühlsmäßige und wertende Dimension.

Das Selbstwertgefühl bestimmt, wie sicher und optimistisch wir uns fühlen. Psychologische Studien zeigen Zusammenhänge zwischen einem hohen Selbstwertgefühl und emotionaler Stabilität, Lebenszufriedenheit und geringer Depression[15]. Je höher unser Selbstwert, umso stärker die Selbstsicherheit, Selbstliebe und -annahme und desto geringer die Selbstzweifel.

Beides, das Selbstkonzept und das Selbstwertgefühl, sind beeinflussbar und bestimmen unser Denken und Handeln. Aber ebenso wirkt unser Denken und Handeln auf unser Selbstwertgefühl und unser Selbstbild zurück. Indem wir also unser Denken positiv verändern und durch mutige Handlungen mehr Sicherheit erwerben, beeinflussen wir unser Lebensgefühl und unsere Einstellung zu uns. So lernen wir, gelassener mit unseren Selbstzweifeln umzugehen und erhöhen unsere Selbstsicherheit und unsere Autonomie. Wir beginnen, uns selbstbestimmt zu verhalten und lernen unseren persönlichen Wert zu schätzen.

Die positive Bedeutung von Selbstzweifeln

Wie wir gesehen haben, hindern uns Selbstzweifel daran, ein stabiles Selbstwertgefühl zu entwickeln, unsere Kompetenz wertzuschätzen und Lebensfreude zu spüren. Eine Möglichkeit, gelassener mit unseren Selbstzweifeln umzugehen, besteht darin, ihre positive Bedeutung für uns nutzbar zu machen.

Selbstzweifel sind nämlich auch ein Zeichen für Kritik-fähigkeit im Sinne von Selbstreflexion und daher unabdingbar für unsere persönliche Entwicklung. Wenn wir bereit sind, unsere Schattenseiten wahrzunehmen und anzuerkennen, kann ein konstruktiver Prozess einsetzen. Unter Schattenseiten versteht man all jene Anteile, die wir verleugnen oder auf andere projizieren, weil wir sie an uns ablehnen. Das kann Unpünktlichkeit sein, Launenhaftigkeit, Empfindlichkeit, Überheblichkeit, Unsicherheit und vieles mehr. Lieber bekämpfen wir das Negative im anderen, als sie als Teil von uns anzuerkennen, da sie Anlass sein können für Selbstzerfleischung und Entwertung. Trotzdem begegnen uns unsere Schattenseiten immer wieder. Statt sie mit Überheblichkeit zu überspielen, können wir unser Verhalten überdenken und uns fragen, warum wir bestimmte Dinge machen, obwohl sie uns nicht gut tun und ein negatives Verhalten zeigen, obwohl es unserer Beziehung schadet. Interessant könnte auch die Frage sein, welche Ursachen diese Destruktivität haben kann. Oft liegen die Gründe darin, dass wir nicht im Lot mit uns sind, weil viele Bedürfnisse zu kurz kommen oder wir zu wenig auf uns achten. Denn je weniger wir in Einklang mit unseren Grundbedürfnissen leben, umso größer ist das Gefühl von Unwohlsein, das sich dann in schädlichem Verhalten äußert.

Eine weitere positive Bedeutung von Selbstzweifeln besteht im Infragestellen des Bisherigen. Das kann neue Impulse geben und dazu führen, dass wir einen anderen Weg einschlagen und ungeahnte Entscheidungen treffen. Selbstzweifel lassen uns alte, ausgetretene Pfade verlassen und geben uns Hilfe bei der Neuorientierung.

Ist meine Arbeit noch die, die mich wirklich fordert und erfüllt? Mache ich wirklich das, was ich kann und mich zufrieden stellt? Oder verdiene ich einfach mein Geld und tue halt, was von mir gefordert wird? Fühle ich mich noch wohl an dem Ort, an dem ich arbeite oder hat sich so viel verändert, dass es mir nicht mehr passt?

Habe ich genug Freizeit und mache ich das, was mir guttut und was mir Spaß macht? Ist es richtig, auch am Wochenende zu arbeiten oder sollte ich daran etwas ändern?

Paare können ihre Beziehung reflektieren: Leben wir das, was wir uns vorgestellt haben, sind wir zufrieden oder spüren wir unseren Frust und unsere Lust vor lauter Alltag gar nicht mehr? Ist es richtig, die Beziehung aufrechtzuerhalten oder sollten wir uns trennen, weil wir uns nicht guttun?

» Bitte überlegen Sie einmal selbst, was Sie in Ihrem Leben in Frage stellen sollten und wo Selbstzweifel angebracht wären.

Ich lebe JETZT

Das Prinzip des Hier und Jetzt, des Lebens in der Gegenwart, kennen wir aus unterschiedlichen Denkansätzen: dem Buddhismus, der Gestalttherapie, dem Existentialismus oder der A-Bewegung[16]. Alle betonen die Wichtigkeit der Gegenwart für ein gesundes und erfülltes Leben des Menschen. Schon Horaz forderte »Carpe diem«, »Ergreife den Augenblick«, »Nutze den Tag«.

Das Jetzt der Gegenwart verbindet die Vergangenheit und

die Zukunft. Die Vergangenheit ist gegenwärtig in Erfahrungen und Gewohnheiten; die Zukunft in Vorbereitungen, Erwartungen, Hoffnungen oder Furcht[17].

»Die Gegenwart ist der einzige Punkt, an dem Entscheidungen getroffen werden können. Nur im Jetzt hat der Mensch Einfluss auf sein Leben. Dies ist die Lehre, die die Gestalttherapie aus dem Existenzialismus gezogen hat.«[18]

Von den Anonymen Alkoholikern kennen wir den Satz: Nur für heute. Er ist ein wichtiges Prinzip in der Suchtarbeit, da das Heute überschaubar ist und jeder nur heute entscheiden kann, suchtfrei zu leben. So wie jeden Süchtigen die Vorstellung überfordert, ein Leben lang ohne Suchtmittel zu leben, geht es auch uns, wenn wir negative Einstellungen verändern wollen. Wie soll das gehen? Kann ich das überhaupt schaffen? Die Konzentration auf das Heute ist dabei eine große Hilfe. »Nur für heute werte ich mich und andere nicht ab« ist eher durchführbar, als diese Verhaltensänderung für immer von sich zu erwarten. Diese Forderung könnte nämlich dazu führen, den guten Vorsatz auf morgen zu verschieben und ihn damit wirkungslos zu machen. Denn wir können nur in der Gegenwart handeln, nicht in der Zukunft. Jede Veränderung spielt sich nur jetzt ab. Wollen wir also unsere Selbstzweifel reduzieren und unser Selbstwertgefühl stärken, müssen wir heute beginnen.

Folgen wir dem Motto: »Jeder Moment ist einzigartig und kostbar, wie schade, wenn ich auch nur einen davon verpasse.«[19] Jeder negative Gedanke, jeder destruktive Selbstzweifel, jede Abwertung, die ich mir oder anderen zumute, hindern daran, dieses Motto Wirklichkeit werden zu lassen. Denn dadurch ist der Moment nicht mehr kostbar, zugleich bringt er uns von der augenblicklichen Wahrnehmung in die Gedankenspirale aus Angst, Unsicherheit oder Verzweiflung über uns, und die anderen.

Veränderungen finden nur heute statt.
In der Konzentration auf den gegenwärtigen Moment liegt der Schlüssel.
Nur im Jetzt hat der Mensch Einfluss auf sein Leben.

Bewusstheit und Achtsamkeit

»Das Instrument, um den Gegenwartsbezug herzustellen, ist die präzise Wahrnehmung bzw. die Erhöhung des Gewahrseins.«[20] Nur der, der weiß, was in ihm und um ihn herum geschieht, kann seine Handlungen angemessen bestimmen. Mehr Bewusstheit beginnt also mit einer genauen Wahrnehmung.

Als Kinder spielten wir oft das Spiel: »Ich sehe was, was du nicht siehst«, und die Folge war eine genaue Betrachtung der Gegenstände um uns herum. Es ist erstaunlich, wie wenig erwachsene Menschen außerhalb von sich wahrnehmen.

» Schauen Sie sich doch einmal in der Umgebung um, in der Sie gerade dieses Buch lesen. Registrieren Sie alle roten Gegenstände, danach alles, was sich bewegt, dann alles Eckige und Runde. Weiten Sie das Spiel aus auf: Ich höre was, was du nicht hörst, ich rieche was, was du nicht riechst, ich fühle (i.S.v. tasten) was, was du nicht fühlst. Zu zweit wird es sicher noch mehr Spaß machen. Zur Geschmackswahrnehmung können Sie beispielsweise Ihrem Gegenüber die Augen verbinden und ihn dann mit Stückchen verschiedener Brotsorten füttern. Ein echtes Erlebnis.

Dehnen Sie allmählich Ihre Wahrnehmung auf die Gesichter der Menschen um Sie herum aus. Wie schauen sie? Welche Hautfarbe haben sie? Wie ist die Mundpartie beschaffen, wie die Haarfarbe und die Frisur? Aus Untersuchungen über die Zuverlässigkeit von Zeugenaussagen wissen wir, dass Menschen oft in ihren Beschreibungen falsch liegen, weil sie dazu neigen, Dinge so zu sehen, wie sie sie sehen wollen oder gewohnt sind, sie zu sehen. Je mehr wir unsere Wahrnehmung schulen, umso mehr Bewusstheit werden wir erleben und umso stärker verankern wir uns im Hier und Jetzt.

Und genau das ist das, was unter Achtsamkeit verstanden wird: sich dessen bewusst sein, was gerade jetzt innen und außen passiert. Beobachten, wahrnehmen, was in uns und um uns herum geschieht.

Sie können beispielsweise spazieren gehen und in einer Gedankenspirale aus Selbstzweifeln versinken. Sie sind dann nicht achtsam im gegenwärtigen Moment. Das wären Sie nur, wenn Sie Ihre Aufmerksamkeit auf die Umgebung richten: Wie sieht der Wald aus, licht oder dunkel? Welche Bäume stehen dort? Wie fällt das Licht hinein? Hören Sie Vogelgezwitscher? Spüren Sie den Boden, auf den Sie treten, hören Sie das Knacken der kleinen Äste am Boden? Riechen Sie die frische Luft, das Harz? Freuen Sie sich über die Schönheit der Natur? Nehmen Sie wahr, wie Sie laufen? Das alles erleben Sie nur durch achtsame Wahrnehmung, nicht, wenn Sie Ihren negativen Gedanken nachhängen.

Es kamen ein paar Suchende zu einem alten Zenmeister.

»Herr«, fragten sie »was tust du, um glücklich und zufrieden zu sein? Wir wären auch gerne so glücklich wie du.«

Der Alte antwortete mit mildem Lächeln: »Wenn ich liege, dann liege ich. Wenn ich aufstehe, dann stehe ich auf. Wenn ich gehe, dann gehe ich, und wenn ich esse, dann esse ich.«

»Was du sagst, tun wir auch. Wir schlafen, essen und gehen. Aber wir sind nicht glücklich. Was ist also dein Geheimnis?«

»Sicher, auch ihr liegt und ihr geht und ihr esst. Aber während ihr liegt, denkt ihr schon ans Aufstehen. Während ihr aufsteht, überlegt ihr wohin ihr geht, und während ihr geht, fragt ihr euch, was ihr essen werdet. So sind eure Gedanken ständig woanders und nicht da, wo ihr gerade seid. Das ist der Unterschied.«[21]

Um unsere Selbstzweifel unter Kontrolle zu bringen, bedarf es einer aufmerksamen Wahrnehmung der eigenen Person in einem positiven Sinne. Menschen mit hohen Selbstzweifeln und starken Selbstentwertungen sehen sich in der Regel nur aus der negativen Perspektive: Was kann ich alles nicht, wo bin ich nicht so gut wie andere, was hab ich wieder falsch gemacht? Dieser Blick auf ihre Defizite ist nicht förderlich, sondern untergräbt den Selbstwert. Richten wir die Aufmerksamkeit aber auf die positiven Seiten, auf das, was uns gelungen ist, was wir gut gemacht haben, wo wir mit uns stimmig sind, unterstützen wir uns. Besonders in Situationen, in denen wir uns abgelehnt, kritisiert oder gekränkt fühlen, ist diese Selbstunterstützung unerlässlich. Denn wenn die Welt schon so böse zu uns ist, sollten wenigstens wir gut zu uns sein.

Sie schärfen Ihren positiven Blick beispielsweise mit einem Positiv-Tagebuch oder einem Freude-Tagebuch. Darin schreiben Sie am Ende jeden Tages alles auf, was Sie selbst gut gemacht haben und was Ihren Selbstwert stärkte. Das kann die Erledigung einer Arbeit sein und die Freude über etwas Gelungenes. Aber auch ein Lob oder der Stolz, den andere auf Sie empfinden. Ist gerade niemand da, dann suchen Sie das Bestätigende in erfüllenden Erinnerungen. Nostalgische Gefühle steigern das Selbstwertgefühl. Die damalige Freude kann Ihre jetzigen Selbstzweifel mindern und Ihr damaliger Stolz Ihren momentanen Selbstwert erhöhen.

Hier noch einige weitere Achtsamkeitsübungen, die eine positive Wirkung auf unser Selbstwertgefühl und damit auf unsere Selbstzweifel haben.[22]

Achtsamkeit für den Körper

» Atmen Sie bewusst tief ein und aus und spüren Sie, wie Sie dadurch ruhiger und zentrierter werden. Der Atem ist unser Lebensstoff, den wir brauchen, um uns lebendig zu fühlen. Die innere Zentrierung hilft, negative Gedanken zu stoppen.

» Legen Sie einen Tennisball o. Ä. unter eine Ihrer Fußsohlen und rollen Sie mit den Zehen, dem Ballen und der gesamten Sohle über den Ball. Machen Sie dasselbe mit dem zweiten Fuß. Das regt die Nervenbahnen an, entspannt Ihre Muskulatur und erdet Sie. Je mehr Sie am Boden sind, umso weniger werden Sie von Ihren Selbstzweifeln fortgetragen.

» Geben Sie acht auf Ihren Körper, was ihm guttut: Bewegung, Ruhe, Wärme, Kälte. Die körperliche Befriedigung löst positive Gedanken aus.

» Machen Sie eine Wahrnehmungsreise durch Ihren Köper, durch alle Körperteile. Beginnen Sie mit dem Kopf, Ihrem

Gesicht und Ihrem Hals. Gehen Sie durch den Rumpf und die Beine zu den Füßen. Entspannungsmusik kann Sie dabei unterstützen. Genießen Sie die Stellen, die sich besonders wohl anfühlen und bleiben Sie dort eine Weile. Lenken Sie auch im Alltag Ihre Aufmerksamkeit immer wieder dem Körpergeschehen zu, wenn Sie gedanklich abdriften.

Achtsamkeit für Gefühle und Empfindungen

» Trauen Sie sich wahrzunehmen, welche Gefühle in Ihnen auftauchen, wenn Sie in sich hineinhören. Mit dem Atem können Sie die Wirkung noch unterstützen.

» Keine Angst vor Gefühlen! Sie können uns nicht schädigen. Das tut nur das, was wir unternehmen, um sie nicht zu spüren, z.B. Trinken, Weglaufen, Betäuben, Verleugnen etc. Das führt zu Depression, Angstsymptomen und Krankheit.

» Versuchen Sie, diffuse Empfindungen eines der echten Gefühle zuzuordnen: Trauer / Schmerz, Wut, Angst, Scham und Freude / Lust.

» Echte Gefühle halten nur eine gewisse Zeit und ebben dann wieder ab. Stimmungen und Gefühlszustände wie Depression oder Kränkungsgefühle dauern über die Zeit an. Sie sind keine echten Gefühle. Finden Sie heraus, welche echten Gefühle hinter Ihren Stimmungen verborgen sind.

» Denken Sie einmal an ein schönes Erlebnis und dann an etwas Unangenehmes oder Trauriges. Registrieren Sie den Unterschied in Ihrem Empfinden.

Achtsamkeit für Gedanken und Vorstellungen

» Registrieren Sie Ihre abwertenden Gedanken sich selbst gegenüber und notieren Sie sie. Je bewusster Ihnen diese sind, umso besser sind sie zu beeinflussen.

» Machen Sie dasselbe bezogen auf andere Menschen. Die negative Beurteilung anderer Menschen wirkt zerstörerisch auf Sie zurück.

» Überlegen Sie sich zwei bis drei positive Sätze, die Ihren Selbstzweifeln widersprechen und Ihr Selbstwertgefühl stärken. Z.B. »Ich bin gut so wie ich bin«, »Ich bin liebenswert«, »Ich bin wertvoll«.

» Achten Sie auf den ersten Gedanken nach dem Aufwachen und auf den letzten vor dem Einschlafen. Die Qualität der Gedanken beeinflusst den Schlaf und die Stimmung für den Tag.

Beobachterposition und Selbstdistanz

Sie werden jetzt vielleicht sagen, dass diese Übungen ja alle schön und gut sind, es aber Zeiten und Situationen gibt, in denen sie Ihnen überhaupt nichts nützen. Entweder, weil Ihnen die Übungen nicht gelingen, oder sich Ihre Stimmung dadurch nicht positiv verändert. Sicherlich ist es sehr schwer, besonders in Krisenzeiten achtsam zu sein, weil unser Körper durch die seelische Belastung unter Spannungen steht und unser negatives Denken nicht mehr zu stoppen scheint.

Eine Methode aus der Traumatherapie, die in einem solchen Fall helfen kann, ist die Beobachterposition. Der innere Beobachter ist der Teil in uns, der neutral wahrnimmt was ist, emotional aber nicht verstrickt ist und daher nicht gefühlsmäßig reagiert. Wenn wir diese Beobachterposition einnehmen, können wir wie von außen auf uns schauen. Dadurch stellen wir einen Abstand zu dem bedrückenden Erleben her. Man spricht auch von Selbstdistanz als einer Methode, aus der Gedankenspirale auszusteigen und die Stimmung dadurch zu heben. Sobald wir uns aus dieser Perspektive wahrnehmen, ist die Entlastung sofort spürbar. Wir beruhigen uns, gewinnen Mitgefühl mit uns und bringen uns wieder in einen ausgeglichenen emotionalen Zustand.

Die Beobachter-Position oder Selbstdistanz

Sie sind sehr aufgeregt, reagieren vielleicht panisch, haben massive Angst zu versagen, versinken in Ihrer Gedankenspirale und können sich nicht mehr beruhigen. Stellen Sie sich nun einen Ort außerhalb von sich vor, an dem der

Beobachter steht und Sie anschaut. Identifizieren Sie sich mit diesem Beobachter, distanzieren Sie sich von Ihren überwältigenden Gefühlen und betrachten Sie das emotionale Geschehen aus einem angemessenen Abstand. Sie werden spüren, wie Sie ruhiger werden und sich Klarheit und Gelassenheit ausbreiten.

Das Geheimnis eines starken Selbstwertgefühls

In dem Zitat der Soul-Sängerin Sharon Jones liegt das Geheimnis für ein stabiles Selbstwertgefühl: »Ich habe gelernt, meinen Wert nicht nach Äußerlichkeiten zu bemessen. Sonst hätte ich mich längst aufgegeben: zu klein, zu schwarz, zu fett. Meine Mutter sagte immer: Zeig dich, mein Mädchen, dann spürst du, was du wert bist.«[23]

Das Geheimnis besteht also darin, sich zu fragen, woran man seinen Wert festmacht. In der Regel nehmen wir äußere Maßstäbe, an denen wir uns orientieren, z.B. das Schönheitsideal. Je näher wir ihm kommen, umso wertvoller fühlen wir uns: schlank, fit, faltenlos, jugendlich sind die Orientierungspunkte. Was aber, wenn wir diese Standards nicht erfüllen? Ist die Wertlosigkeit dann unausweichlich? Ja, wenn diese äußeren Standards der einzige Maßstab sind. Nein, wenn wir unsere Vorstellungen von uns, wie wir zu sein haben, um uns wertvoll zu fühlen, an unsere persönliche Realität anpassen. Wenn wir 60 Jahre alt sind können wir nicht mehr aussehen wie 20. Wenn das aber unser Anspruch wäre, dann müssen wir uns zwangsläufig minderwertig fühlen. Sind wir uns jedoch bewusst, welche Stärken und Reichtümer im Ältersein liegen, dann können wir darin einen Wert finden, der uns zufrieden macht, auch wenn er äußeren Kriterien zuwiderläuft.

» Fragen Sie sich deshalb: Was macht **Sie** persönlich aus? Welche Stärken besitzen **Sie**? Was macht **Sie** einzig und unvergleichbar? Was ist schätzenswert und wertvoll an **Ihnen**?

Jeder Mensch ist einzig, auch Sie.

Das Geheimnis eines starken Selbstwertgefühls

» Messen Sie Ihre Vorstellungen, wie Sie zu sein haben,
an Ihrer persönlichen Realität:
  » An Ihren Stärken und Besonderheiten.
  » An dem, wie Sie sein möchten.
  » An dem, was Sie auszeichnet.
  » An der Frage: Was will *ich*, was denke *ich*, was fühle *ich*?

Introjekte zum Freund machen

Die Stolpersteine auf dem Weg zu uns und einem guten Selbstwertgefühl beruhen in der Regel auf frühen, entwertenden Botschaften, die man Introjekte nennt. Das Wort setzt sich zusammen aus »intro« (hinein) und »iactare« (werfen). Also Informationen, die in uns hineingeworfen wurden, ohne dass wir sie vorher geprüft haben.

Wir schlucken etwas, ohne das Geschluckte zu zerkleinern bzw. zu verändern. Das können unzerkaute Lebensmittel ebenso sein wie unverstandene Normen und Vorschriften. Wir richten uns nach ihnen, unabhängig davon, ob sie zu uns passen, uns guttun, sinnvoll oder moralisch sind. Wir tun es eben, weil wir es nicht anders gewohnt sind.

Introjekte bestehen aus Soll-Botschaften, wie wir zu sein haben und wie wir auf keinen Fall sein dürfen. Oder aus Zuschreibungen, wie die anderen uns sehen oder sehen wollen. »Du bist doch mein lieber Junge?!« bedeutet dann soviel wie: »Sei so, wie ich es von dir erwarte, dann liebe ich dich.« Diese Botschaft könnte dann als Introjekt verinnerlicht werden: Sei nicht du selbst!

Wie hinderlich das für ein erfülltes Leben und ein ausgeglichenes Selbstwertgefühl ist, dürfte leicht zu erraten sein. Denn gerade der Kontakt zu uns selbst, unseren Bedürfnissen, Fähigkeiten und individuellen Eigenschaften ist ja die Basis für unsere Selbstachtung.

Stefan kam in Therapie, weil er nie einen Platz in diesem Leben gefunden hatte. Er war permanent auf der Suche nach dem richtigen Job, der richtigen Frau, dem richtigen Wohnort. Doch nirgendwo fühlte er sich angekommen, weshalb er die nächste Weiterbildung machte, in der Hoffnung, dann endlich zufrieden zu werden. In der Therapie wurde deutlich, dass er von seiner Mutter von früh an für deren Bedürfnisse ausgebeutet wurde. Sie benutzte ihn nämlich wie ein Schmuckstück, das sie sich als Brosche ans Revers heftete und damit der Welt zeigte, was für eine tolle Mutter sie sei, die einen so bezaubernden Sohn hatte. Die Zuwendung, die das hübsche Kind erhielt, bekam die Mutter stellvertretend. Ihr Mann schenkte ihr wenig Aufmerksamkeit, so dass sie die emotionale Zuwendung bei dem Sohn suchte. So aufgewertet gab der Sohn der Mutter viel Bewunderung und blieb sehr lange von ihr abhängig. Bis zu dem Moment, als er auszog, um sein eigenes Leben aufzubauen. Nun wirkte die Botschaft, nicht er selbst sein zu dürfen und die Irrfahrt begann.

Eine Veränderung trat bei Stefan in dem Moment ein, als er erkannte, dass sein Problem auf einem Introjekt beruhte, das ihn hinderte, seinen individuellen Weg zu gehen. Doch das allein veränderte noch nicht seine Rastlosigkeit, denn die hemmende Botschaft wirkte weiter. Nun stand es an, das negative Introjekt »ins Boot zu holen« und zu einem nützlichen Begleiter zu machen. In gekürzter Fassung lief der Dialog folgendermaßen ab:

Therapeutin: Stellen Sie sich Ihr Introjekt »Sei nicht du selbst!« als Figur vor, wie sähe es aus?
Stefan: Es wäre ein scheußlicher, buckliger Zwerg, der mich höhnisch auslacht und mir die Zunge rausstreckt. Der mich permanent beobachtet und mir ständig ein schlechtes Gewissen macht, ob ich auch richtig gehandelt habe. Ob die anderen mit mir zufrieden sind.
Th: Klingt, als mögen Sie ihn nicht.
St: Nein, überhaupt nicht. Es ist schrecklich anstrengend, nicht auf ihn zu hören.

Th: Was glauben Sie, welche Funktion dieser Zwerg für Sie hat?

St: Dass er mich piesackt und quält. Dass ich nicht so sein kann, wie ich bin und tun kann, was ich will.

Th: Und können Sie sich vorstellen, dass er auch etwas Positives für Sie gemacht hat?

St: Nee, wirklich nicht. Was soll der denn Gutes getan haben?

Th: Überlegen Sie einmal, für welche Beziehung in Ihrem Leben er unerlässlich war. Welche Beziehung konnte überhaupt nur durch ihn erhalten bleiben?

St: Wie meinen Sie das? Welche Beziehung?

Th: Vielleicht eine Beziehung, als sie noch klein waren. Wann war es wichtig, nicht so zu sein, wie Sie sind?

St: Bei meiner Mutter. Da durfte ich ja nur machen, was sie von mir erwartete. Ich sollte immer der ideale Sohn sein und bleiben.

Th: Somit hat der Zwerg dafür gesorgt, dass diese Beziehung stabil blieb?

St: Ja. Stimmt. Er hat mich immer gedrängt zu schauen, was für ein Gesicht sie macht, ob sie mit mir zufrieden ist oder nicht.

Th: Er hat also einen guten Job für Sie gemacht?

St: Bei meiner Mutter schon.

Th: Können Sie ihm dafür danken?

St: Auch noch danken? Was soll das denn, der buttert mich doch immer nur unter!

Th: Ja, da haben Sie recht, denn er hat noch nicht verstanden, dass sein Job heute nicht mehr nötig ist. Aber als Kind hat er Ihnen geholfen, so zu sein, wie es erforderlich war. Er hat für Frieden in der Beziehung gesorgt.

St: Ja. Stimmt.

Th: Dafür können Sie ihm danken: Für das, was er früher für Sie getan hat.

St: Das fällt mir schwer, aber ich versuche es.

Er stellt sich den Zwerg vor, wie er vor ihm sitzt und sagt ihm dann:
St: *Danke für alles, was du für mich getan hast. Aber ich brauche das nicht mehr. Du kannst jetzt damit aufhören.*
Sein Gesicht hellt sich auf, weil der Zwerg nun viel freundlicher wirkt und gar nicht mehr so abstoßend ist:
St: *Der grinst ja jetzt ganz pfiffig.*
Th: *Können Sie ihn für etwas anderes brauchen?*
St: *Ich glaube, er ist sehr lebendig und einfallsreich, vielleicht kann er mir gute Tipps geben.*

Für manche mag so ein Dialog etwas sonderbar klingen, und Sie fragen sich vielleicht, was das soll. Es geht im Prinzip darum, das Positive an diesem Teil, der in Gestalt des Zwerges einen negativen Einfluss hat, zu erkennen und zu würdigen. Die negativen Teile in uns haben immer auch eine positive Seite, weil sie in früheren Jahren unsere wichtigsten Beziehungen ermöglicht und gefestigt haben. Sie entstanden in einer Zeit, in der wir sie nötig hatten. Destruktiv werden sie, weil das, was sie tun, heute nicht mehr sinnvoll und angemessen ist. Bei Stefan war es die Anpassung und Selbstverleugnung, die die Beziehung zur Mutter stabilisierten. Hätte er rebelliert, wäre er Gefahr gelaufen, die Beziehung zu verlieren. Es war damals klug, der Stimme »Sei nicht du selbst« zu folgen. Doch heute, wo er erwachsen ist und die Mutterbeziehung in der alten Form nicht mehr besteht, ist die Selbstverleugnung hinderlich und muss überwunden werden.

Befreien wir die Introjekte aus dem alten Muster, dann können sie eine unterstützende Kraft entfalten, die eine positive Wirkung auf unser Leben ausübt. Durch ihre Anerkennung wenden sie sich ins Positive und lösen ihre negative Wirkung auf.

Wie aus »Ich kann nicht« ein »Ich kann« wird

»Ich kann nicht« oder »Ich kann das nicht« sind oft gehörte Sätze im Zusammenhang mit Selbstwertzweifeln. Sie werden sogar oft schon ausgesprochen, bevor jemand überhaupt versucht hat, etwas zu tun. Diese Zuschreibung hindert jeden Impuls und führt zu Hilflosigkeit und Inkompetenz. Das Gegenteil wäre die Neugier, die mit Elan an eine Sache herangeht, um zu schauen, ob es denn nicht doch irgendwie machbar wäre. Die Einstellung dahinter wäre: Ein Problem ist etwas, das zum Lösen da ist und nicht zum Verzagen.

Der Psychotherapeut Jorge Bucay, der viel mit Geschichten arbeitet, hat dieses Problem anhand der Erzählung »Der angekettete Elefant« illustriert, die ich hier leicht verändert wiedergebe:

Während der Zirkusvorstellung stellt der Elefant sein ungeheures Gewicht, seine eindrucksvolle Größe und seine Kraft zur Schau. Nach der Vorstellung aber bleibt er immer brav mit dem Fuß an einem kleinen Pflock angekettet. Nichts deutet mehr auf seine Größe und Stärke hin.

Der Pflock ist allerdings nichts weiter als ein winziges Stück Holz, das kaum ein paar Zentimeter tief in der Erde steckt. Der Elefant, der die Kraft hat, einen Baum mitsamt der Wurzel auszureißen, könnte sich also mit Leichtigkeit von diesem Pflock befreien und fliehen.

Warum tut er es nicht? Was hält ihn zurück?

Weil er dressiert ist?

Doch wenn er dressiert ist, warum muss er dann noch angekettet werden?

Die Antwort ist: Der Zirkuselefant befreit sich nicht, weil er schon seit frühester Kindheit an einen solchen Pflock gefesselt ist und es nicht anders kennt.

Denn jeder kleine Elefant wird gleich nach der Geburt festgebunden. Er zieht und zieht an dem Pflock, um sich zu befreien. Aber trotz aller Anstrengung gelingt es ihm nicht, weil dieser Pflock zu fest in der Erde steckt. Er versucht es jeden Tag aufs Neue, bis eines Tages, eines für seine Zukunft verhängnisvollen Tages, das Tier seine Ohnmacht akzeptiert und sich in sein Schicksal fügt.

Der riesige, mächtige Elefant flieht nicht, weil der Ärmste glaubt, dass er es nicht kann. Allzu tief hat sich die Erinnerung daran, wie ohnmächtig er als Kleiner war, in sein Gedächtnis eingebrannt. Und das Schlimme dabei ist, dass er diese Erinnerung nie wieder ernsthaft hinterfragt hat. Nie wieder hat er versucht, seine Kraft auf die Probe zu stellen.

Genauso geht es uns auch. Unsere Pflöcke sind Verbote der Eltern, die uns ohnmächtig machten oder die Erfahrungen des Versagens bei unseren Versuchen, die Welt zu erobern. Die Botschaft der Machtlosigkeit, mit der wir aufgewachsen sind, bildet diesen Pflock, an den wir uns auch heute noch angekettet fühlen. Wir sind überzeugt: Ich kann das nicht und werde es niemals können. Wir ziehen uns wie selbstverständlich in unsere alten Ohnmachts- und Minderwertigkeitsgefühle zurück, ohne zu realisieren, dass wir nicht mehr klein sind, sondern heute selbst entscheiden können, was wir uns zutrauen.

Im Grunde ist der einzige Weg, um herauszufinden, ob wir etwas können oder nicht, der, es auszuprobieren und zwar mit vollem Einsatz und aus ganzem Herzen. Dieser Mut, diese Neugier machen einen großen Teil des Selbstbewusstseins aus.

» Wie sehen Ihre Pflöcke aus, an die Sie sich gebunden fühlen?

» Was glauben Sie, nie und nimmer zu können?

» An welchen Stellen in Ihrem Leben ziehen Sie sich sofort in Ihre Ohnmacht zurück und probieren nicht aus, ob es doch ginge?

» Welche Gefühle hindern Sie: Angst, Scham, Schuld?

» Welche Einstellungen bremsen Ihre Impulse? Ich darf das nicht! So was tut man nicht! Du darfst nicht erfolgreicher als dein Papa werden! Du musst immer der Schnellste sein! Ich bin eh eine Versagerin und kriege nichts auf die Reihe!

Dem Selbstwertgefühl auf die Sprünge helfen

Um unser Selbstwertgefühl zu stärken und Einfluss auf unsere Selbstzweifel zu nehmen, können wir viele unterschiedliche Methoden anwenden. Ich möchte hier einige herausgreifen, die sich als sehr effektiv herausgestellt haben.

Mobilisierung eigener Ressourcen

Ressourcen werden definiert als Kraftquellen, »aus denen man all das schöpfen kann, was man zur Gestaltung eines zufriedenstellenden, guten Lebens braucht, was man braucht, um Probleme zu lösen oder mit Schwierigkeiten zurechtzukommen.«[24] Ressourcen liegen zum Großteil in uns, in unseren Möglichkeiten, Eigenarten, Fähigkeiten und Werten. Eine bejahende Sicht auf das Leben ist sicher stärkender als eine depressive Stimmung, ebenso Ausgeglichenheit, Mut, Einfühlsamkeit, Vertrauen, Ehrlichkeit, Gesundheit und ein gutes Gespür für sich selbst und die Stimmungen um uns herum.

Die Ressourcen, die außerhalb von uns liegen, beziehen sich u.a. auf soziale Beziehungen, Hobbys, eine erfüllende selbstbestimmte Arbeit, Erholungsorte, Zugang zu Wissen, Einkommen und Sicherheit.

Natürlich sind für keinen Menschen alle Ressourcen immer verfügbar. Daher ist es so wichtig, sich seiner eigenen Kraftquellen bewusst zu werden, um sie zu aktivieren, wenn wir sie brauchen. Selbstwertstärkend ist in diesem Zusammenhang die Erkenntnis, sich nicht in erster Linie mit seinen Defiziten zu beschäftigen, sondern mit dem, was wir an uns gut finden, was wir können und bisher schon im Leben erreicht haben. Beispielsweise welche Herausforderungen wir gemeistert haben und wie wir mit Rückschlägen umgegangen sind.

 Kommen Sie Ihren Ressourcen auf die Spur[25]

» Was macht Ihnen Freude?

» Was können Sie gut?

» Was entspannt Sie?

» Wodurch bekommen Sie Kraft?

» Was hat Sie im Leben bewegt und inspiriert, wenn Sie sich an Zeiten erinnern, in denen Sie sich gut gefühlt haben?

» Welches Verhalten von anderen hat Ihnen geholfen?

» Was tun oder taten Sie, um hilfreiche Personen zu bewegen, Ihnen zu helfen?

» Welche Herausforderungen und Lebenskrisen haben Sie bisher schon gemeistert?

Hier noch einige Übungen, die Ihnen helfen, Ihre Kraftquellen anzuzapfen:

Wie gestalte ich mein Leben sinnvoll und angenehm?

» Ist es selbstverständlich für Sie, es sich gut gehen zu lassen, ein schönes Buch zu lesen, Freunde zu treffen, ins Kino und Theater zu gehen, oder scheitert die Umsetzung aller Pläne daran, dass Sie sich nicht trauen oder mehr auf Pflichten und Arbeit konzentriert sind?

Gedankenstopp und Einstellungsänderung

» Oft tyrannisieren uns negative Gedanken, weil sie uns entwerten, kritisieren und einschüchtern. Um diesen Gedankenspiralen Einhalt zu gebieten, probieren Sie folgende Übung aus:
Nehmen Sie zuerst wahr, wie belastend und irrational Ihre abwertenden Gedanken sind. Danach nehmen Sie sich einen besonders unangenehmen Gedanken heraus und sprechen ihn mehrmals vor sich hin. Dann sagen Sie laut »stopp!« und heben den Finger. Wenden Sie sich nun bewusst der Gegenwart zu, indem Sie Ihre Wahrnehmung auf etwas Positives lenken. Das Gedankenkarussell hört auf, sich zu drehen. Üben Sie das Stopp-Sagen im Alltag ein, wenn die Gedanken wieder einsetzen. Irgendwann reicht dann nur noch das Heben des Fingers, um die Spirale zu stoppen. Sie können außerdem den negativen Gedanken durch einen positiven Satz ersetzen, z.B. »Ich bin gut, so wie ich bin«, »Ich habe alles so gemacht, wie es in meiner Macht stand«, »Es gibt Menschen, die mich mögen« oder

einen Satz, wie Sie ihn für sich herausgefunden haben. Auf diese Weise stoppen Sie nicht nur die Gedanken, sondern verändern auch allmählich Ihre negative Einstellung zu sich selbst.

Die Baumübung – Selbstwert-Ressource

Stellen Sie sich einen wunderschönen großen und kräftigen Baum vor. Lassen Sie ihn an einem günstigen Platz wachsen, zwischen saftigen Wiesen und einem kleinen Bach. Die Sonne bescheint ihn und er ist vom Wind durch einen nahen Wald geschützt. Sie können ihn malen, wenn Ihnen das für Ihre Vorstellung hilft. Dann stellen Sie sich vor, Sie werden dieser Baum. Ihre Wurzeln gehen ins Erdreich und versorgen den Baum mit allen notwendigen Mineralien. Die Krone ist weit, sie nimmt Wärme und Licht auf und bietet Tieren einen Lebensraum. Sie sind ein stolzer, prächtiger Baum, der fest auf dem Boden steht und den es nicht so schnell umwirft. Spüren Sie diese Kraft und dieses Selbstbewusstsein und übertragen Sie es in Ihren Alltag.
Sie können dieselbe Übung auch mit einem Tier machen, mit dem Sie sich identifizieren und auf diese Weise Zugang zu seiner Kraft und Stärke bekommen. Ist es nicht erhebend, als Löwe oder Panther durchs Leben zu gehen?

Dem eigenen Glück begegnen

Ähnlich wie beim Freude-Tagebuch geht es hier um das Aufschreiben der Glücksmomente des vergangenen Tages: Wie ist mir mein Glück begegnet? In einem freudigen Gefühl, dem Lächeln eines Menschen, einer Liebeserklärung? In der Sonne, die sich im Wasser spiegelt, der Ruhe in der Natur, dem bunten Treiben der Menschen um mich herum? Spüren Sie diesen Momenten noch einmal nach und verankern Sie das gute Gefühl in Ihrem Körper.

Ressourcenkörperübung

Stellen Sie sich Ihre jetzigen Ressourcen vor und die, die Sie früher besaßen. Ordnen Sie jeder Ressource eine Körperbewegung zu. Beispielsweise könnte Ihre Einfühlsamkeit verbunden sein mit einer kleinen Umarmung und Ihre Fähigkeit, sich durchzusetzen, mit dem ausgestreckten Arm. Führen Sie dann alle Bewegungen nacheinander aus. In unsicheren Situationen können Sie sich dann diese Bewegungen wieder in Erinnerung rufen und über sie zu einem positiven Selbstgefühl gelangen.

Stärkung des impliziten Selbstwertgefühls

Da das implizite Selbstwertgefühl auf unbewussten Einstellungen beruht, ist deren Beeinflussung viel subtiler als bei bewussten Prozessen. Zudem ist dieses Thema in der Therapie noch sehr wenig erforscht. Es gibt jedoch eine Technik, die Sie selbst leicht anwenden können.

Verbinden Sie gedanklich alles, was zu Ihnen gehört und was Sie und Ihre Identität ausmacht, mit positiven Bewertungen. Meine Garderobe ist individuell, mein Haarschnitt super lässig, meine Wohnung gemütlich, mein Charakter ausgeprägt, mein Tempo unerreichbar, meine Liebenswürdigkeit hoch, mein Körper verlässlich. Bitte wählen Sie Ihre eigenen Begriffe. Doch wann immer Sie an sich oder Ihre Tätigkeiten und Ihr Äußeres denken, suchen Sie positiv gefärbte Nennungen. Als Unterstützung stellen Sie ein Bild von sich auf, auf dem Sie sich wirklich gut gefallen. Auch schöne Fotos von Ihnen aus früheren Lebensabschnitten, die für Sie ein Problem darstellten, wie etwa die Pubertät, die Kleinkindzeit oder Trennungsphasen, stärken Sie unbewusst. In Ihrem Gehirn bahnen sie neue neuronale Muster, die auf Ihr Erleben positiv wirken.

Machen Sie mal was Neues
Stellen Sie sich vor, Sie wären souverän und selbstbewusst. Was würden Sie dann tun? Sie würden sich trauen, jemandem die Wahrheit zu sagen, auch wenn sie nicht gerade schmeichelhaft ist. Sie würden vor anderen den Mund aufmachen und Ihre Meinung vertreten. Sie würden ein paar Tage Urlaub planen, einfach so, weil Sie Lust haben. Sie würden Kontakte knüpfen, sich unter Menschen wagen, sich amüsieren und vieles mehr. Sie selbst wissen am besten, was Sie tun und lassen würden, wenn Sie souverän und selbstbewusst wären.

Und dann setzen Sie diese Ideen um: Tun Sie jeden Tag etwas, das Ihr Selbstbewusstsein ausdrückt und das Sie bisher nie getan haben. Fangen Sie am besten mit kleinen Dingen an, überfordern Sie sich nicht. Der Erfolg ist wichtiger als die Größe der Tat, denn der ist selbstwertstärkend. Ich habe zum Beispiel am ersten Urlaubsmorgen ein ganz frühes kühles Bad genommen, obwohl ich sonst erst spät aus dem Bett komme. Ich war stolz auf mich und fühlte mich sehr lebendig. Sie sehen, es sind oft unspektakuläre Dinge, mit denen wir uns aufwerten können. Aber tun müssen wir sie.

Ausgeglichenheit

Wir kommen in eine innere Spannung, wenn unsere Grundbedürfnisse nicht erfüllt sind. Das drückt sich aus in Unzufriedenheit, Launenhaftigkeit, abweisendem Verhalten oder Gekränktsein. Unser Selbstwertgefühl sinkt und wir halten nicht mehr viel von uns. Die Herstellung einer inneren Ausgeglichenheit, auch Konsistenz genannt, ist daher nicht nur beziehungsstiftend, sondern auch selbstwertsteigernd.

Achten Sie daher auf die Erfüllung Ihrer körperlichen Bedürfnisse wie genügend Schlaf, Essen, Trinken, Wärme etc. Ihr Organismus wird es Ihnen mit einem Wohlgefühl danken. Aber auch unsere seelischen und sozialen Grundbedürfnisse fordern Erfüllung. Wir brauchen Nähe, Bindung aber auch Autonomie, Kontrolle und Möglichkeiten, unseren Selbstwert zu erhöhen. Das setzt intakte Beziehungen ebenso voraus wie Möglichkeiten, uns zu entfalten und unsere Fähigkeiten gezielt einzusetzen. Nicht nur die kindliche Entwicklung leidet unter zu wenig intellektueller Anregung, auch das erwachsene Selbstwertgefühl. Gute Erfahrungen und Stolz sind ganz wesentliche Bedingungen, sich selbstwert zu fühlen. Als dritte Grundbedürfniskategorie kann der Sinn genannt werden, den wir in unserem Leben finden. Sinnlosigkeit führt zu Wertlosigkeitsgefühlen und zu seelischen und körperlichen Krankheiten.

»Die Industriegesellschaft versucht, alle menschlichen Bedürfnisse zu befriedigen; und die Konsumgesellschaft ist bemüht, darüber hinaus immer neue Bedürfnisse zu erzeugen, um dann hingehen zu können und sie zu befriedigen. Aber ein Bedürfnis – und das ist vielleicht das menschlichste aller Bedürfnisse – bleibt unbefriedigt, nämlich das Bedürfnis im Leben – oder vielleicht besser gesagt in jeder einzelnen Lebenssituation, mit der wir konfrontiert sind, einen Sinn zu sehen und ihn womöglich zu erfüllen. Heute haben die Menschen im Allgemeinen genug, wovon sie leben können; aber sie finden nicht immer etwas, wofür zu leben es auch dafürstünde. Ohne ein Wozu wird das Leben schal, muss das Leben sinnlos erscheinen.«[26]

Aus dem Gleichgewicht aller Grundbedürfnisse erwächst ein Gefühl von Ganzheit, Wohlbefinden, Lebensfreude und Selbstwert.

Vertrauensvolle Beziehungen und Selbstvertrauen

Die neueste Forschung zeigt, dass vor allem stabile, vertrauensvolle, zwischenmenschliche Kontakte für das seelische und körperliche Wohlergehen des Menschen notwendig sind. Das heißt natürlich auch, dass sie das Selbstwertgefühl des Menschen stärken. Werden wir geliebt, gelobt und beachtet, fühlen wir uns wohl und wertvoll. Werden wir abgelehnt, entwertet und missachtet, kann unser Selbstwertgefühl bis gegen Null sinken. Dadurch steigt nicht nur die Anfälligkeit für körperliche Krankheiten, sondern auch die allgemeine Stressbelastung und die Häufigkeit für seelische Erkrankungen wie Depressionen und Angstzustände.

Ein wesentlicher Wirkfaktor ist die positive Bestätigung durch das Gefühl, Beistand und Akzeptanz zu erhalten. Unterstützung von anderen Personen wirkt nicht nur positiv auf diejenigen, die sie erhalten, sondern auch auf die, die sie geben. Das belegt die Gegenseitigkeit gelungener Beziehungen, weil beide Seiten von Vertrauen und Akzeptanz profitieren. Im Sinne eines selbstbewussten Lebens geht es daher nicht um platten Egoismus, sondern um die Selbstbestimmtheit in einem tragenden, von gegenseitigem Verständnis und Mitgefühl geprägten Kontakt, in dem die Bedürfnisse und Wünsche des einzelnen geachtet werden.

Das gelingt uns umso besser, je höher das eigene Selbstvertrauen ist, deren Entwicklung wiederum tragende Bindungen erfordert. Habe ich als Kind die Erfahrung gemacht, dass es Menschen gibt, auf die ich mich verlassen kann und die mich unterstützen und trösten, dann bildet sich daraus ein Urvertrauen als stabile Lebensbasis. Das Wissen darum, schwierige Situationen auf diese Weise bestanden zu haben, weckt das Vertrauen in eigene Fähigkeiten und die Zuversicht, das Leben meistern zu können. Wenn wir uns auf uns verlassen können, dann besitzen wir Selbstvertrauen.

Zu sich stehen

Unser Selbstwertgefühl wird geschwächt durch die Angst, was andere von uns denken. Die sinnvollste Lösung glauben wir darin zu finden, dass wir uns anpassen, alles richtig machen und gefallen wollen. Doch dadurch ist unser Augenmerk auf die anderen gerichtet und wir verlieren den Kontakt zu uns, was uns wiederum schwächt. Besonders wenn wir Anfeindungen, Ausgrenzungen oder Kritik erleben, tendieren wir dazu, uns schlecht zu fühlen und uns anzuklagen. Unser Selbstwertgefühl liegt dann völlig am Boden.

Dennoch gibt es auch in diesen Krisenzeiten einen Weg, uns aufzubauen und zu unterstützen, indem wir den Teil von uns entdecken, der immer für uns einsteht.

Ingeborg hatte große Angst vor anderen Menschen, denn sie befürchtete, nicht gut anzukommen und abgelehnt zu werden. Sie zog sich immer mehr zurück, isolierte sich und vermied jegliche Kontakte. Ihre Selbsteinschätzung wurde nur noch negativer, sie traute sich immer weniger zu und wurde zusehends unsicherer. Ihre Ängste beherrschten sie.

Therapeutin: Wo ist der Teil in Ihnen, der immer für Sie einsteht?
Ingeborg: Was meinen Sie damit?
Th: Ich meine den Teil, der Sie nicht im Stich lässt, der zu Ihnen steht. Ihr Fürsprecher. Wie sieht er aus, wo im Körper sitzt er, welche Farbe hat er? Was sagt er?
I: Also, ich sehe eine gold-orange Kugel, die sitzt im Bauch. Sie ist faustgroß. Die Angst sitzt in der Brust und ist grau.
Th: Was sagt die Kugel zu Ihnen?
I: Sie sagt: »Du bist in Ordnung und alles, wie es ist, ist in Ordnung.« Aber dann denke ich gleich an die Leute, die mich ablehnen und vor denen ich Angst habe.
Th: Wie kommen Sie jetzt darauf?
I: Ich geh ganz schnell weg von der Kugel.
Th: Und was sagt die Kugel, wenn Sie die Angst bekommen und an die anderen denken?
I (nach längerem Überlegen): Sie sagt: »Du bist wichtig.«
Th: Ja, Sie sind wichtiger als die anderen.
I ist erleichtert und lächelt.
Th: Was macht Ihre Angst jetzt?
I: Sie wird weniger und ich fange an, meinen Körper zu spüren. Das klingt so einfach, aber ... Ich muss halt immer bewusst an die Kugel denken, damit es funktioniert.

In dieser Stunde bekam Ingeborg ein Instrument an die Hand, ihre Ängste zu kontrollieren und ihr Selbstwertgefühl zu stärken. Sie entwickelte nicht nur ein Gegenbild zur grauen Angst, sondern kam auch in Kontakt mit ihrem Körper, den sie verloren hatte. Die tiefe Atmung in den Bauch beruhigte sie und gab ihr Kraft. Die Zentrierung im Körper ist eine wichtige Voraussetzung, um sich selbstbewusst zu spüren. Und das positive Bild lenkte ihre Wahrnehmung auf ihre Stärken statt auf die Angst und wurde verbunden mit dem Satz: Ich bin wichtig!

》 Wie sieht der Teil, der immer zu Ihnen steht, in Ihnen aus? Er kann auch andere Formen annehmen, z.B. eine Gestalt, die hinter oder neben uns steht. Was sagt er zu Ihnen, welche Farbe hat er? Wo im Körper ist er zentriert?
Wir alle besitzen einen Teil, der uns unterstützt und zu uns hält. Wir müssen ihn nur finden und dann nicht mehr loslassen.

Souveränität ist Selbstbestimmung

»Jetzt habe ich etwas begriffen: Ich bin frei, so zu sein, wie ich bin, so auszusehen, wie ich aussehe und das zu tun, was ich will.«
Das ist der Ausspruch der Klientin Sophie gegen Ende ihrer Therapie. Er klingt so simpel, aber in ihm liegt die Freiheit des Menschen: So zu sein, wie man ist und nicht so, wie andere einen haben wollen oder wie man meint, sein zu müssen! Das

verstehen wir unter Souveränität. Es bedeutet Selbstbestimmung. Wir sind eigenständig, definieren uns unabhängig von fremden Vorschriften und gewinnen dadurch Überlegenheit und Sicherheit. Selbstbestimmung heißt zu spüren, was ich brauche, was ich will, was ich ablehne, welche Ziele ich erreichen will und welche Werte ich vertrete. Und dann den Mut zu haben, sein Verhalten und sein Leben danach auszurichten.

Sophie lebte in permanenter Bedrohung und Habachtstellung. Ihr Vater war unberechenbar, autoritär und jähzornig. Es war von daher sehr ratsam, sich zu vergewissern, in welcher Stimmung er heimkam. War er guter Dinge, konnte sie mit ihm reden und lachen, doch sobald etwas passierte, was ihm missfiel, kippte seine Stimmung und er wurde grob, abwertend, brüllte und schmiss sie aus dem Zimmer. Trost suchte sie bei der Mutter, doch die war so schwach, dass sie ihr keine wirkliche Hilfe war, im Gegenteil, Sophie musste die Mutter noch beruhigen und ihr Mut machen. Sophies Gefühle und Bedürfnisse blieben völlig unberücksichtigt, da ihre ganze Aufmerksamkeit auf die Eltern gerichtet war. Sie lebte sozusagen in einem Überlebensmodus, der nur auf Schadensbegrenzung ausgerichtet war. Sie kannte die Bedürfnislage von Vater und Mutter besser als ihre eigene. So lernte sie, ihr Leben auf die Unterordnung zu gründen und sich selbst zu verleugnen.

Bei Sophie wirkten viele Introjekte, die sie an einem selbstbestimmten Leben hinderten. »Zeig dich nicht wie du bist, das kann gefährlich werden!« »Lebe nicht, überlebe!«, »Tu nur, was richtig ist«, »Sei für mich da«. Souveränität kann sich auf diese Weise nicht entwickeln, denn die ist darauf angewiesen, dass man Kontakt zu seinen Stärken und Bedürfnissen hat und sie umsetzen kann.

Im Laufe des Lebens wird die Unterdrückung von außen zu einer Unterdrückung von innen. Wir tun dann mit uns dasselbe, was früher die Bezugspersonen mit uns machten: uns einschränken. Diese Erkenntnis weckt in uns die Motivation, etwas zu verändern. Wir können uns befreien und unsere Kräfte mobilisieren, um einen anderen Weg einzuschlagen. Wenn wir es leid sind, weiterhin zu leiden, werden wir uns Hilfe holen, um unser Leben neu zu gestalten.

Der Wunsch nach einem besseren Leben ist die Motivation, um etwas zu verändern. Es geht um die Weckung des Lebenswillens, um den Impuls, aus der Einsamkeit und der Unterordnung in die Lebendigkeit, in die Beziehung gehen zu wollen. Das ist nicht leicht, denn man muss sich gegen viele äußere und innere Hindernisse und Verbote zur Wehr setzen. Aber trotzdem! Trotzen Sie den Hemmnissen und alten Einschärfungen. Jetzt erst recht! Trotz allem geht es um Sie und Ihr Leben. Lernen Sie, Forderungen zu stellen, Grenzen zu setzen und sich Gehör zu verschaffen.

Auch wenn der Weg manchmal lang ist, führt er zu einem guten Ende: in die Selbstbestimmung und das Selbstbewusstsein, in die Fähigkeit, sein Leben in die eigenen Hände zu nehmen und über sich selbst zu entscheiden. Er führt zum eigenen Wert, zum wahren Selbst und zu einem Platz, der einem zusteht. Schlagen Sie diesen Weg ein, es lohnt sich.

Souveränität bedeutet:

» Ich bin frei, so zu sein, wie ich bin, so auszusehen, wie ich aussehe und das zu tun, was ich will,

» Ende mit der Unterordnung,

» Freiheit des Menschen: So zu sein, wie man ist und nicht so, wie andere einen haben wollen oder wie man meint, sein zu müssen!

» Selbstbestimmung und das heißt zu spüren, was ich brauche, was ich will, was ich ablehne, welche Ziele ich erreichen will und welche Werte ich vertrete.

Der gelassene Umgang mit Selbstzweifeln

Um unser Selbstwertgefühl zu stärken, ist es sinnvoll, gelassener mit unseren Selbstzweifeln umzugehen. Wie können wir uns selbstbewusster und souveräner fühlen und auftreten?

1. Selbstzweifel können hilfreich sein, um das eigene Verhalten zu hinterfragen. Was muss ich ändern, um an mein Ziel zu kommen, um gelungene Beziehungen einzugehen, Erfolg zu haben und Zufriedenheit zu erwerben?

2. Miteinander streitende Seiten in uns entzweien uns und halten uns davon ab, unsere Ziele zu verfolgen. Wenn sie aber in Interaktion miteinander treten, können sie sich unterstützen und werden eine Quelle der Kraft.

3. Statt uns zu verurteilen, können wir mit der Frage auf uns schauen: »Was brauchen wir, damit wir uns besser fühlen?« Oft denken wir nämlich mehr daran, was die anderen brauchen, und vergessen uns.

4. Nicht die Vorstellungen der anderen sollten unsere Richtschnur sein, sondern wir selbst: »Was fühle ich, was brauche ich, was denke ich?«

5. Diese Form der Autonomie ist oft verbunden mit Schuldgefühlen, zu egoistisch zu sein. Dass wir aber durch unsere Selbstbestimmtheit ein zufriedeneres Gegenüber für den anderen werden, vergessen wir dabei.

6. Wir können ein selbstständiges Leben leben, wenn wir die Orientierung in uns finden. Und nur dann können wir auch andere in ihre Unabhängigkeit entlassen.

7. Das bedeutet jedoch auch, die Verantwortung für sich selbst zu übernehmen und nicht dem anderen die Schuld für das eigene Unglück zuzuschieben.

8. Wir können unseren Selbstwert auf vielen Ebenen verbessern: durch mehr Selbstliebe, durch Sicherheit im Umgang mit anderen, einem positiven Umgang mit Kritik, das Vertrauen in die eigene Leistung, in unsere Attraktivität und Sportlichkeit.

9. Das erreichen wir durch die Besinnung auf die Gegenwart und durch Achtsamkeit. Statt uns abzuwerten, zu dick zu sein und zu viel zu essen, können wir uns bewusst machen, warum wir mehr essen, als uns guttut. Unseren Körper können wir nur so annehmen, wie er heute ist, auch wenn er unserem Ideal nicht entspricht.

10. Mit dem Blick auf unsere positiven Seiten stärken wir unser Selbstwertgefühl. Statt uns immer zu sagen, was an uns nicht gut ist, können wir lernen, uns auf das zu konzentrieren, was wir an uns mögen.

11. Das Geheimnis eines starken Selbstwertgefühls besteht darin, unseren Wert nicht an äußeren Maßstäben fest zu machen, wie wir sein sollten, sondern daran, wie wir sind. Was macht uns aus, was macht uns einzig und besonders?

12. Hören wir auf, ein Aschenputtel-Leben zu leben und fangen wir an, uns den Erfolg, die Liebe und ein erfülltes Leben zu erlauben. Zeigen wir uns, statt uns zu verkriechen.

13. Negative Gedankenspiralen können wir lernen zu stoppen, indem wir sie ganz bewusst beenden und durch einen positiven Satz ersetzen. Das bahnt auf Dauer andere Nervenverbindungen im Gehirn.

14. Entdecken wir unsere Ressourcen, unsere Kraftquellen, die unser Selbstwertgefühl stützen. Das sind die Dinge, die uns Freude machen, die wir gut beherrschen, alles, was wir schon gemeistert haben, wodurch wir Kraft spüren und was uns bewegt.

Anhang

Dank

Der größte Dank geht an meine Klienten und Klientinnen, die mir immer wieder tiefe Einsichten in die menschliche Seele gewähren und mit denen ich zusammen Wege aus Selbstzweifeln und Unsicherheit finde. Viele dieser Erfahrungen sind in diesem Buch beschrieben.

Dank auch allen, die mein Manuskript gelesen haben und mir wertvolle Hinweise und Tipps gegeben haben. Die wohlwollende, aber nicht unkritische Meinung meiner Schwester war mir in diesem Zusammenhang besonders wertvoll.

Ein herzliches Dankeschön auch der Gruppe im Kloster Niddatal für ihre kreativen Ideen zur Titelfindung.

Und natürlich danke ich auch meiner langjährigen Lektorin Dagmar Olzog. Wir sind in all den Jahren ein tolles Team geworden. Sie versteht es, mich einerseits zu motivieren und mir das Gefühl von Erfolg zu geben, und andererseits konstruktive Kritik zu üben, in der sich ihre ganze Erfahrung niederschlägt und die dem Buch den letzten Schliff gibt.

Anmerkungen

1. Nach Blankertz / Doubrawa, 2005
2. Ausführlich habe ich diese Art der Beziehungen in meinem Buch *Eitle Liebe* beschrieben.
3. Nach Blankertz / Doubrawa, 2005
4. Ebd.
5. Zit. nach Bucay, 2013
6. Die Multidimensionale Selbstwertskala MSWS von Schütz & Sellin, 2006
7. http://www.diag.psychologie.tu-darmstadt.de/forschung_16/studienportal/aktuelle_studien_1/online_studie__selbstwert/online_studie_selbstwert_1.de.jsp
8. Nach Tiggemann / Slater, 2013
9. Branden, 2003, S. 86
10. Hartmann, 2006, S. 18
11. Asper, 1997, S. 63
12. Wirth in Kernberg, 2006, S. 159
13. Bernhard Tille: Institut für Kommunikation und Gesundheit. www.nlp-trainings-tille.de
14. Nach Lohaus / Vierhaus / Maas, 2010
15. Schröder-Abé, 2007, S. 7
16. Die Anonymen Alkoholiker werden auch AA genannt.
17. Zitiert nach Eva Steiger, www.hierundjetzt.at
18. Blankertz / Doubrawa, 2005
19. Lehrhaupt / Meibert / Krudup, 2013, S. 72
20. Blankertz / Doubrawa, 2005
21. Zitiert nach Ernst Ferstl, www.lichtkreis.at.
22. Weitere Bücher über Achtsamkeit: Thich Nhat Hanh, Potreck-Rose, Kabat-Zinn, MBSR MindfulnessBased Stress Reduction u. v. a.

23. Süddeutsche Zeitung vom 15.1.2014
24. Nach Schiepek / Cremers
25. Nach Beushausen, 2010
26. Frankl, 1994 S.286

Weiterführende und zitierte Literatur

Asper, Kathrin: *Verlassenheit und Selbstentfremdung. Neue Zugänge zum therapeutischen Verständnis.* Olten 1997

Beushausen, Jürgen: *Ressourcenorientierte stabilisierende Interventionen.* 2010 DGSF www.dgsf.org

Blankertz, Stefan / Doubrawa, Erhard: *Lexikon der Gestalttherapie.* Wuppertal 2005

Branden, Nathaniel: *Die 6 Säulen des Selbstwertgefühls. Erfolgreich und zufrieden durch ein starkes Selbst.* München 2003

Bucay, Jorge: *Komm ich erzähl dir eine Geschichte.* Frankfurt 2013

Frankl, Viktor E.: *Logotherapie und Existenzanalyse. Texte aus sechs Jahrzehnten.* Weinheim 2010

Goschke, Thomas: *Emotion, Volition, Kausalattribution und Leistungsmotivation.* Vorlesung im WS 2011 / 12, TU Dresden

Grawe, Klaus: *Neuropsychotherapie.* Göttingen 2004

Hartmann, Hans-Peter: *Narzisstische Persönlichkeitsstörungen – Ein Überblick.* In: Kernberg, Otto F. / Hartmann, Hans-Peter: *Narzissmus. Grundlagen – Störungsbilder – Therapie.* Stuttgart 2006

Kross, Ethan: *Selbstdistanz.* In: *Psychologie heute compact: Gut durchs Leben kommen.* H. 35 Weinheim 2013

Lehrhaupt, Linda, Meibert, Petra, Krudup, Karin: *Stress bewältigen mit Achtsamkeit. Zu innerer Ruhe kommen durch MBSR.* München 2013

Lohaus, Arnold / Vierhaus, Marc / Maass, Asja: *Entwicklungspsychologie des Kindes- und Jugendalters für Bachelor.* Heidelberg 2010

Potreck-Rose, Friederike: *Von der Freude, den Selbstwert zu stärken: Hilfe aus eigener Kraft.* Stuttgart 2006

☑ Reddemann, Luise: *Positive Psychologie. Grundlagen, aktuelle Erkenntnisse, Anwendung bei Störungen.* Auditorium Netzwerk 2009

Schröder-Abé, Michela: *Discrepancies Between Implicit and Explicit Self-Esteem.* Dissertation. Technische Universität Chemnitz 1979

Schröder-Abé, Michela: *Selbstkonzept und Selbstwertschätzung. In: Persönlichkeitsstörungen: Selbstkonzept und Selbstwertgefühl.* H.11. Stuttgart 2007

Schütz, Astrid / Sellin, Ina: *Die Multidimensionale Selbstwertskala (MSWS).* Göttingen 2006

Schütz, Astrid / Sellin, Ina: *Klinische Untersuchungsverfahren.* In: *Zeitschrift für Klinische Psychologie und Psychotherapie,* 36 (3), 226–227 Göttingen 2007

Tiggemann, M. / Slater, A.: *NetGirls: The Internet, Facebook and Body Image Concern in Adolescent Girls.* In: *International Journal of Eating Disorders,* 46(6), S.630–633. 2013

Wardetzki, Bärbel: *Weiblicher Narzissmus. Der Hunger nach Anerkennung.* München 1991, 2005

Wardetzki, Bärbel: *Ohrfeige für die Seele. Wie wir mit Kränkung und Zurückweisung besser umgehen können.* München 2000

Wardetzki, Bärbel: *Mich kränkt so schnell keiner! Wie wir lernen, nicht alles persönlich zu nehmen.* München 2001

Wardetzki, Bärbel: *Nimm's bitte nicht persönlich. Der gelassene Umgang mit Kränkungen.* München 2010

Wardetzki, Bärbel: *Eitle Liebe. Wie narzisstische Beziehungen scheitern oder gelingen können.* München 2010

Wirth, Hans-Jürgen: *Pathologischer Narzissmus und Machtmissbrauch in der Politik.* In: Kernberg, Otto F. / Hartmann, Hans-Peter: *Narzissmus. Grundlagen – Störungsbilder – Therapie.* Stuttgart 2006

Souverän mit Kränkungen umgehen